14일 만에 알파벳을 떼는 가장 확실한

해결! 알파벳 쓰기

해결책 콘텐츠 연구소 지음 · 민병권 그림

해결책
ANSWER KEY

글 해결책 콘텐츠 연구소

독자 여러분의 가치와 꿈을 실현하는 데 실질적인 도움이 되는 노하우를 연구 개발합니다.
철저한 기획과 신선한 고품질의 원고, 눈의 감각을 즐겁게 하는 디자인,
여기에 120%의 진정성을 더해 생각을 깨우고 마음에 스미는 책을 만듭니다.

그림 민병권

미국 The University of the Arts에서 일러스트레이션을 공부했습니다.
그리고 지금은, 물 맑은 양평에서 그림을 그리고 있습니다.
redsanta1225@hotmail.com

해결! 알파벳 쓰기 Solution! Alphabet Handwriting

1판 1쇄 인쇄 | 2019년 5월 28일
1판 3쇄 발행 | 2020년 9월 21일

글 해결책 콘텐츠 연구소 • **그림** 민병권
표지 디자인 성지현 • **본문 디자인** 김욱, 고수영
발행처 해결책 • **발행인** 이수란
교정교열 김혜영
기획 및 책임편집 해결책 콘텐츠 연구소
제작처 (주)공간코퍼레이션

등록번호 제 2017-000328호
전화 02-337-2033
블로그 blog.naver.com/answer_key
등록일자 2017년 7월 17일
팩스 02-6442-2011
인스타그램 @lucky_answerkey
주소 서울시 마포구 독막로 5길 32, B101호(서교동)
이메일 answer_key@naver.com
페이스북 lucky.answerkey

가격 12,000원
ISBN 979-11-965229-3-3 64740
세트 979-11-965229-2-6 64740

Published by Answerkey, Inc. Printed in Korea

머리말

5~7세 아이들은 한글 쓰기보다 알파벳 쓰기를 더 어려워합니다. 부모님들도 알파벳은 외국어니까 당연히 배우기 힘들 거라고 생각하는 경향이 있습니다. 하지만 이 시기의 아이들에게는 한글과 알파벳 모두 처음 배우는 문자라는 공통점이 있습니다. 저자는 아이를 키운 경험과 다년간 유아 영어 교재를 연구하면서 아이들이 알파벳 중 어떤 글자는 쉽게 익히고 어떤 글자는 유독 어려워한다는 것을 알게 되었습니다. 이에 아이들의 연령에 따른 언어 습득 능력과 학습 패턴을 비교 관찰한 후, 아이들에게 쉬운 글자와 어려운 글자는 무엇이고 그런 차이가 생기는 이유는 무엇인지 직접 묻고 의견을 수렴하면서 좀 더 쉽고 재미있게 알파벳을 배울 수 있는 학습법을 연구 개발하게 되었습니다.

한글과 알파벳의 모양을 비교해 보면 한글은 직선 위주인데 알파벳은 곡선과 원 모양이 주를 이룹니다. 특히, 알파벳 소문자는 대부분 곡선으로 이루어져 있어 아이들이 한글을 쓸 때보다 한층 힘들어합니다. 운필력이 약하고 글자를 쓰는 데 익숙하지 않은 아이들은 곡선이나 원으로 된 글자를 처음부터 매끄럽게 잘 쓰지 못합니다. 효율적인 알파벳 쓰기를 위해서는 쉽게 쓸 수 있는 글자부터 시작해서 어렵고 복잡한 글자 쓰기로 나아가야 합니다. 이 책이 기존 알파벳 교재와 다른 차별점이 바로 여기에 있습니다. 알파벳을 기존과 같이 ABC 순서로 익히는 것이 아니라 아이의 눈높이에 맞춰 좀 더 쉽게 쓰고 익힐 수 있는 순서로 배운다는 점입니다.

쉽게 쓸 수 있는 알파벳은 단순한 직선 위주로 되어 있습니다. 대부분의 대문자가 여기에 해당합니다. 쓰기 어려운 알파벳이란 곡선과 원으로 이루어진 글자로, 앞서도 언급했듯이 대부분의 소문자가 이에 해당합니다. 따라서 이 책에서는 쉬운 것에서 어려운 순서대로, 대문자를 먼저 익히고 소문자를 배웁니다. 대문자가 소문자에 비해 쓰기도 쉽고 인식하기도 쉽기 때문입니다. 대문자를 익힐 때는 직선으로만 되어 있는 쉬운 글자를 먼저 배운 후 직선과 대각선, 곡선 등이 있는 좀 더 복잡한 글자를 익힙니다. 대문자 쓰기를 충분히 연습하면 이후 소문자 쓰기가 훨씬 쉬워집니다.

이 책에서는 다른 알파벳 교재에서는 찾아볼 수 없는 여러 가지 흥미로운 학습 방식을 도입했습니다. 소문자 c를 알면 쉽게 익힐 수 있는 a, d, g, q를 함께 묶어서 익히고(일명 매직 c), 첫 획을 아래에서 위로 겹쳐서 써야 하는 소문자 p, r, n, m, h, b를 '다이빙을 하는 소문자'로 분류해서 익히는 등 스토리를 접목한 학습법으로 기존의 단조롭고 기계적인 학습 방식에서 벗어났습니다. 이 외에도 각 글자를 몸동작과 손동작 그림으로 나타내 아이가 알파벳 모양을 몸과 손으로 흉내 내면서 익힐 수 있고, 알파벳 쓰는 순서를 알기 쉽게 5단계로 제시해 바르고 정확하게 쓸 수 있도록 했습니다. 또한, 모든 글자마다 실수하기 쉬운 부분이나 쓰기 어려운 부분에 대해 친절하고 상세한 팁을 제공하여 아이가 스스로 공부하기도 쉽고, 부모님의 지도도 용이하도록 고안했습니다.

알파벳 공부는 영어와의 첫 만남입니다.

<해결! 알파벳 쓰기>와 함께라면 첫 영어를 쉽고 재미있게 시작할 수 있어, 이후 학습할 파닉스와 영단어 등 영어의 기초를 다지는 데 큰 도움이 될 것입니다. 모쪼록 어린이 여러분! <해결! 알파벳 쓰기>로 즐겁게 술술 풀리는 영어 공부 경험과 실력을 쌓아 나가기 바랍니다.

이 책의 특장점

1. 쓰기 쉬운 알파벳부터 공부해요

ABC가 아니라 LHE!

알파벳을 꼭 ABC 순서로 배울 필요는 없어요. 아이가 쓰고 익히기 쉬운 알파벳부터 배우면 됩니다. 그렇다면 쓰기 쉬운 알파벳이란 게 따로 있을까요? 아래 표에서 한글과 알파벳을 비교해 보세요.

한글	알파벳
ㄱ, ㄴ, ㄷ, ㄹ, ㅁ, ㅂ, ㅅ	A, B, C, D, E, F, G

한글은 대부분 직선 위주의 획으로 되어 있는 반면 알파벳은 직선, 대각선, 곡선, 타원 등 다양한 획으로 되어 있습니다. 아이가 처음 알파벳을 쓸 때 어려워하는 것 중 하나가 바로 알파벳 소문자 쓰기인데, 이는 소문자에 곡선이나 원 형태가 많아 아직 손가락 근육이 충분히 발달하지 않은 아이에게는 어렵게 느껴질 수밖에 없기 때문입니다. 이 책에서는 쓰기 쉬운 알파벳 대문자부터 학습합니다. 아이들은 직선은 쉽게 그리지만 곡선이나 원 모양은 그리기 어려워하지요. 아이들이 가장 쉽게 쓰는 대문자는 직선으로만 이루어져 있습니다. 직선으로만 쓸 수 있는 알파벳은 **L**, **H**, **E**, **F**, **I**, **T**입니다. 이 글자들부터 먼저 배운 다음 직선과 대각선으로 된 **N**, **V**, **W**, **Y**, **M**, **A**, **X**, **Z**, **K**, 직선과 곡선으로 된 **D**, **P**, **B**, **R**, **U**, **J**, 마지막으로 곡선으로만 이루어진 **O**, **Q**, **C**, **G**, **S**와 소문자 순으로 공부합니다.

2. 대문자부터 배워요

알파벳을 체계적으로, 쉽고 빠르게 배울 수 있어요!

알파벳을 익힐 때는 대문자와 소문자를 함께 익혀야 합니다. 알파벳을 배우는 방법에는 대문자와 소문자를 동시에 익히는 방법, 대문자를 먼저 익히고 소문자를 익히는 방법, 또는 반대로 소문자를 먼저 익히고 대문자를 익히는 방법 등 여러 가지가 있어요. 어떤 방법으로 알파벳을 공부해도 괜찮지만, 이 책에서는 '쉽게 쓸 수 있는 알파벳부터 배운다!'라는 원리에 따라 대문자부터 학습합니다. 앞에서 설명한 것처럼 대문자는 거의 대부분 직선과 대각선으로 이루어져 있어서 쓰고 익히기 쉽기 때문이에요. 그에 반해 소문자는 작고 구불구불한 글자가 많아서 아이들이 쓰기 힘들어하지요. 아이들 눈에는 대문자가 소문자보다 알아보기 쉽고 다른 글자와 구분하기 쉬운 것도 대문자를 먼저 배우는 이유 중 하나예요. 또한, 알파벳 중에는 대문자와 소문자가 비슷한 것이 많아서 대문자를 익히면서 습득한 쓰기 능력으로 소문자를 금방 익힐 수 있는 장점도 있답니다.

3.

눈으로 보고, 몸으로 따라 하고, 머리로 이해하며 써요

Multi-Sensory 학습으로 흥미를 더해요!

쓰기는 단순히 연필로 종이에 글씨를 쓰는 행위가 아닙니다. 글씨를 쓴다는 건 생각보다 많은 감각이 필요한 활동입니다. 알파벳을 익히는 데는 연필과 공책뿐만 아니라, 알파벳 모양을 정확하게 구분할 수 있는 눈도 필요합니다. 정확하고 바르게 알파벳을 쓰는 방법과 순서를 머리로 이해할 수 있어야 합니다. 여기에 몸동작과 손동작으로 알파벳 모양을 흉내 내고 따라 한다면 더욱 즐거운 학습이 될 것입니다.

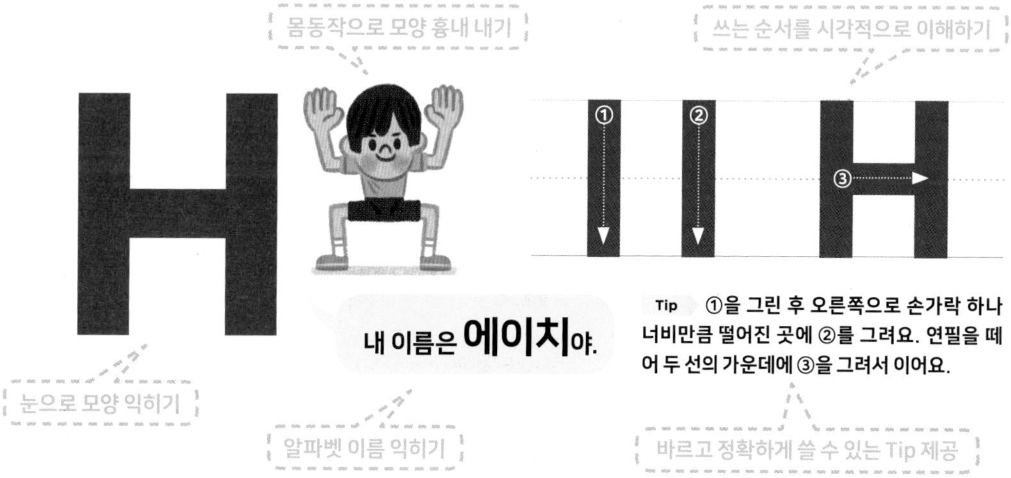

4.

5단계 쓰기로 바르고 정확하게 쓰는 능력을 키워요

Step by step 체계적인 쓰기 활동으로 학습 효율 극대화!

기존 알파벳 쓰기 책을 펼치면 삼선 위에 글자를 따라 쓰는 활동이 대부분입니다. 처음부터 끝까지 점선을 따라 쓰는 활동으로 이루어져 있지요. 처음 알파벳을 쓰는 아이들은 점선 글자를 따라 쓰는 것도 어려워합니다. 같은 방식으로 최소한 10번 이상 기계적으로 따라 쓰는 것도 고역이긴 마찬가지입니다. 이 책에서는 마치 게임 스테이지를 클리어하듯 쉽고 재미있게 즐기며 알파벳을 쓰게 하는 특별한 5단계 쓰기법을 소개합니다. 테두리 안쪽으로만 쓰면 되는 가장 쉬운 쓰기 활동부터 혼자서 스스로 쓸 수 있는 단계까지, 특별한 5단계 쓰기법을 차근차근 체계적으로 연습해 보세요. 학습 효과와 재미를 동시에 잡을 수 있습니다.

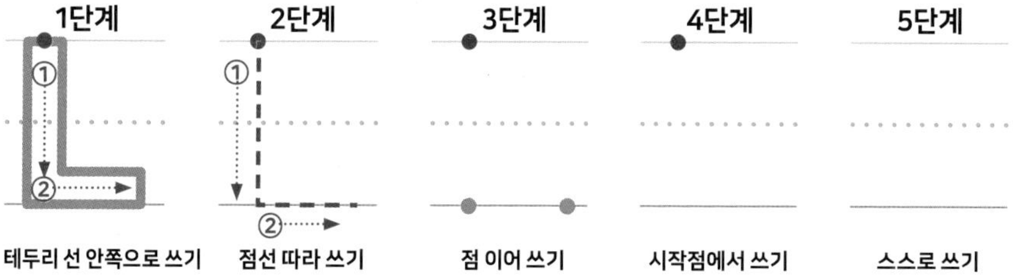

이 책의 구성과 활용

온몸으로 익히는 알파벳

연필은 잠시 내려놓고 온몸으로 알파벳을 익혀 보세요. 알파벳 대문자는 몸동작으로, 소문자는 손동작으로 표현하면서 즐겁게 공부해 보세요. 알파벳 모양이 순서에 따라 어떻게 완성되는지 눈으로 익히고, 쓰는 순서를 머릿속으로 그려 본 다음에 쓰면 훨씬 효과적입니다.

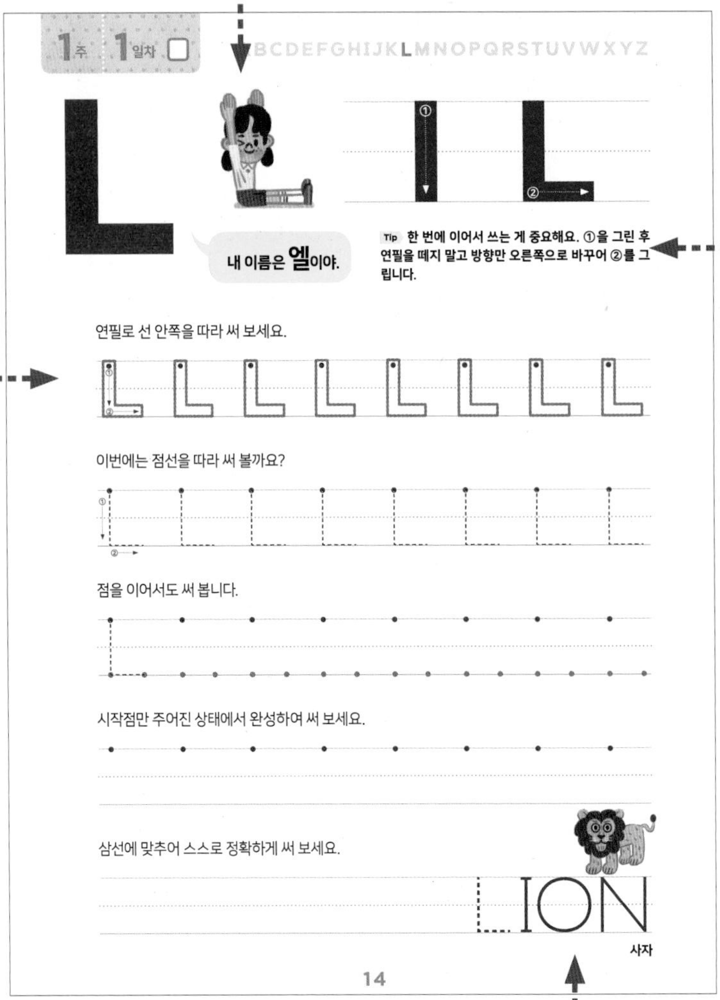

테두리 선 안쪽으로 쓰기 ~ 스스로 쓰기, 체계적인 5단계 쓰기 활동

처음부터 반듯하고 예쁘게 글자를 쓰기는 어려울 거예요. 테두리 선 안쪽으로 쓰는 연습부터 점선 따라 쓰기, 점 이어 쓰기, 시작점에서 쓰기, 스스로 쓰기까지 난도를 조금씩 높혀 가면서 연습하다 보면 예쁘게 글자를 쓰는 것은 물론, 모양과 이름도 자연스럽게 익힐 수 있어요.

알파벳 쓰는 방법 상세 설명

알파벳을 정확하고 예쁘게 쓰기 위해서 가장 중요한 쓰는 순서와 방법이에요. 특히 알파벳을 쓸 때 몇 획으로 써야 하는지, 어디에서 연필을 떼어야 하는지, 연필을 떼면 안 되는지 등을 제대로 익혀야 알파벳을 잘 쓸 수 있어요.

단어 배우기

오늘 배운 알파벳을 쓰다 보면 단어가 완성돼요.
알파벳을 익히면서 기초 영어 단어도 함께 익혀요.

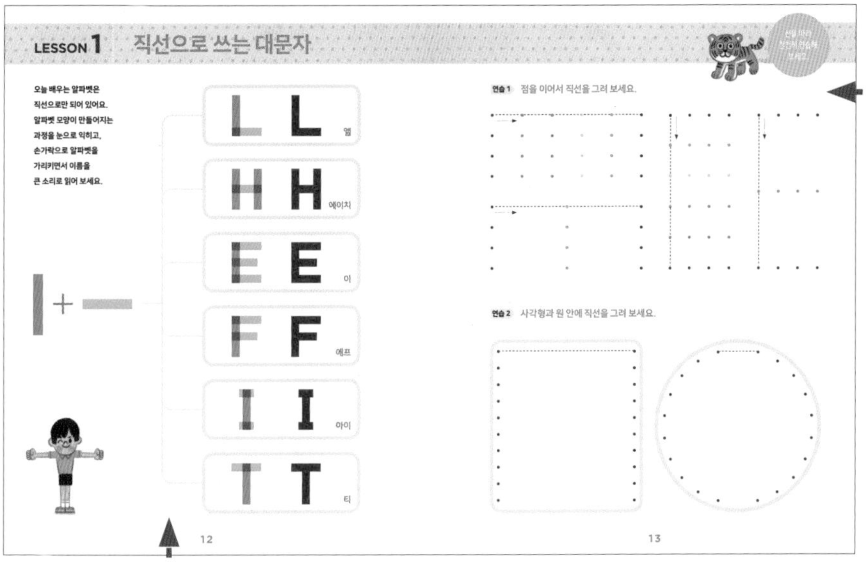

파인 모터 스킬
(Fine Motor Skill)

알파벳을 쓰기 전에 손가락
운동을 하는 코너예요.
알파벳을 쓰는 데 필요한 직선,
곡선 등 다양한 선을 낙서하거나
그림 그리듯 미리 연습하면
운필력을 키우고 쓰기의 어려움을
줄일 수 있습니다.

눈으로 익히는 알파벳

앞으로 배울 알파벳이 만들어지는 과정 또는 원리를
눈으로 익혀 쉽게 이해해요.

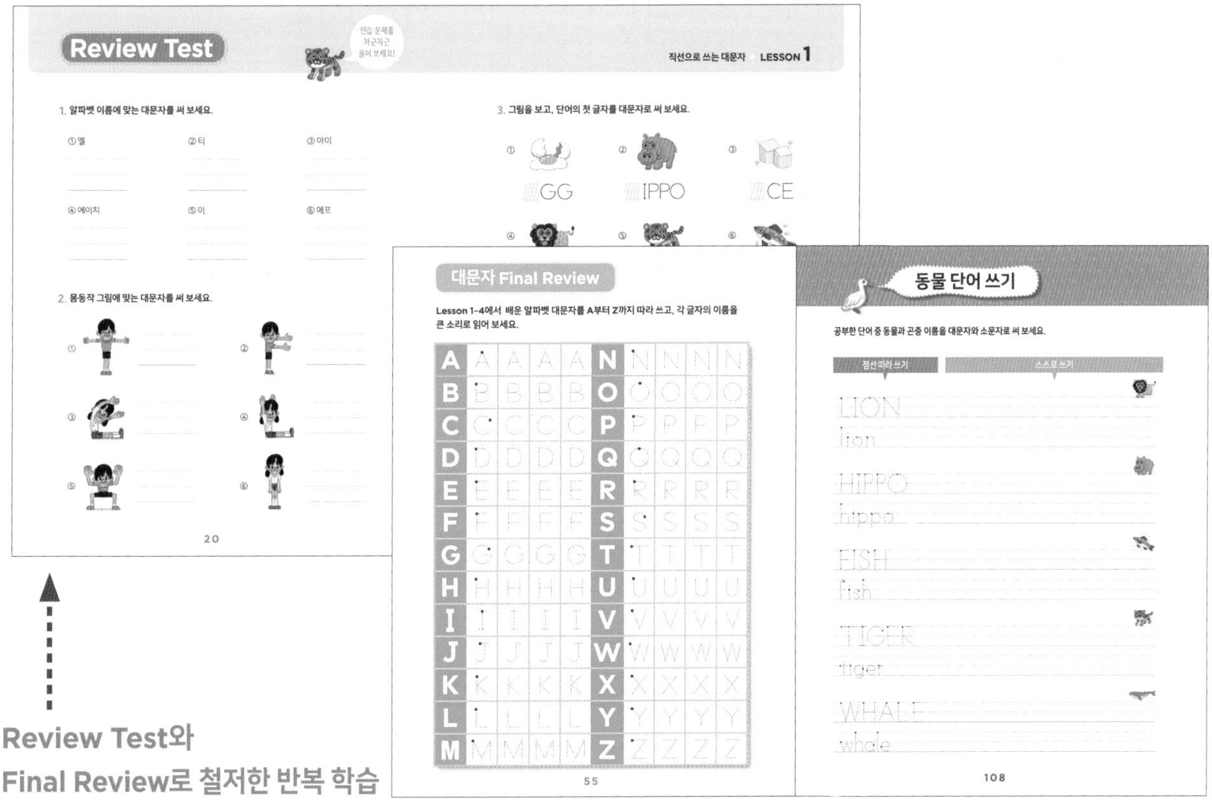

Review Test와
Final Review로 철저한 반복 학습

각 레슨이 끝날 때마다 연습 문제를 풀면서 공부한 알파벳을 복습해요.
알파벳 이름 쓰기, 알파벳 쓰기, 몸동작에 맞는 알파벳 쓰기, 단어 첫 글자 쓰기 등
본문에서 학습한 유형으로 문제를 풀면서 알파벳의 이름과 모양을
정확하게 익혔는지 확인해 보세요.

목차

＊ 각 레슨이 끝날 때마다 그 단계에서 배운 내용을 확인할 수 있는 Review Test가 제공됩니다.

2주 완성 학습 스케줄

Chapter 1 대문자	Day 1	Day 2	Day 3
	Lesson 1 LHEFIT ☐	Lesson 2 (1차시) NVWY ☐	Lesson 2 (2차시) MAXZK ☐
Day 4	Day 5	Day 6	Chapter 2 소문자
Lesson 3 DPBRUJ ☐	Lesson 4 OQCGS ☐	대문자 복습 ☐	
Day 7	Day 8	Day 9	Day 10
Lesson 1 (1차시) cosv ☐	Lesson 1 (2차시) wxz ☐	Lesson 2 adgq ☐	Lesson 3 (1차시) fule ☐
Day 11	Day 12	Day 13	Day 14
Lesson 3 (2차시) ikyjt ☐	Lesson 4 prnmhb ☐	소문자 복습 ☐	대문자와 소문자 최종 복습 ☐

* 학습 스케줄은 아이의 학습 능력과 컨디션에 따라 최상의 효과를 낼 수 있도록 부모님께서 효율적으로 조정해 주세요.

CHAPTER 1. 대문자

대문자 26자 한눈에 보기

알파벳 대문자 모양을 눈으로 익히고, 각 알파벳의 이름을 큰 소리로 읽어 보세요.

A	B	C	D
에이	비	씨	디
E	F	G	H
이	에프	쥐	에이치
I	J	K	L
아이	제이	케이	엘

알파벳이 맨 처음 생겼을 때는 대문자만 있었어요. 옛날, 종이가 없던 시대에는 글자를 돌에 새겼다고 해요. 돌에 글자를 새기는 일은 힘들었기 때문에 작업하기 쉽게 하려고 모양이 크고 주로 직선으로 이루어진 대문자가 먼저 만들어졌어요.

☐ M 엠	☐ N 엔	☐ O 오	☐ P 피
☐ Q 큐	☐ R 알	☐ S 에스	☐ T 티
☐ U 유	☐ V 뷔	☐ W 더블유	☐ X 엑스
☐ Y 와이	☐ Z 지		

LESSON 1 직선으로 쓰는 대문자

오늘 배우는 알파벳은
직선으로만 되어 있어요.
알파벳 모양이 만들어지는
과정을 눈으로 익히고,
손가락으로 알파벳을
가리키면서 이름을
큰 소리로 읽어 보세요.

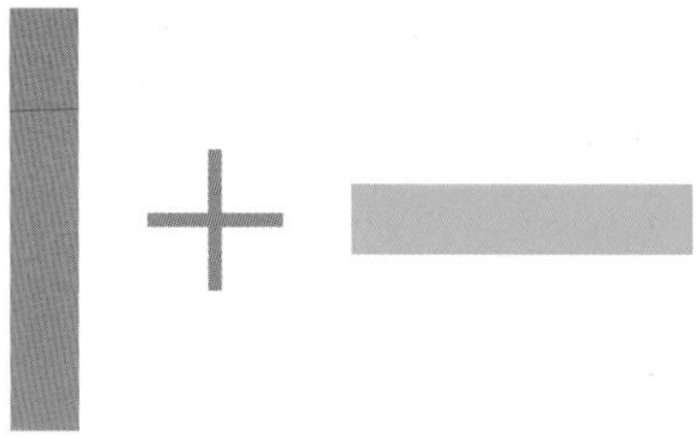

L L 엘

H H 에이치

E E 이

F F 에프

I I 아이

T T 티

연습 1 점을 이어서 직선을 그려 보세요.

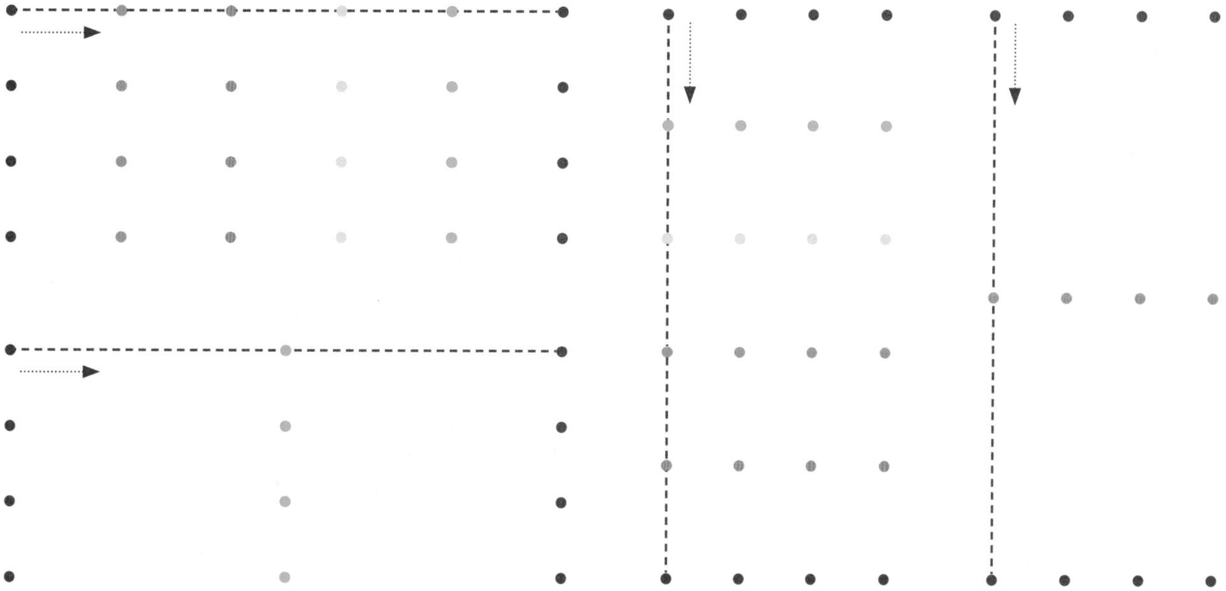

연습 2 사각형과 원 안에 직선을 그려 보세요.

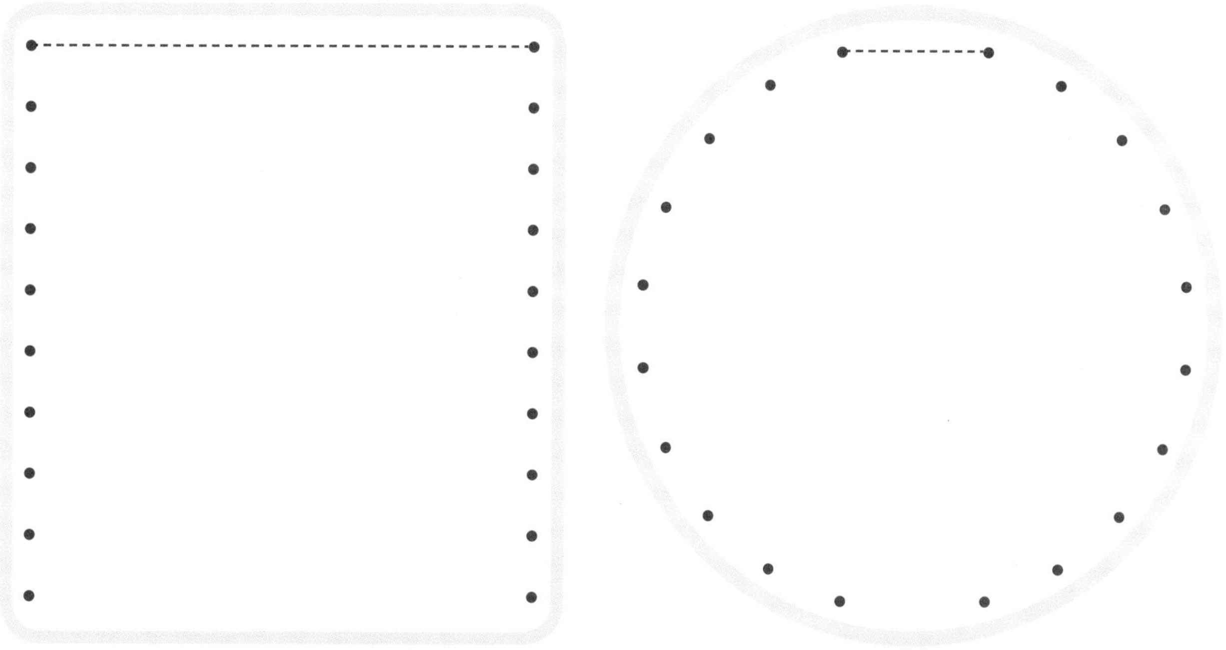

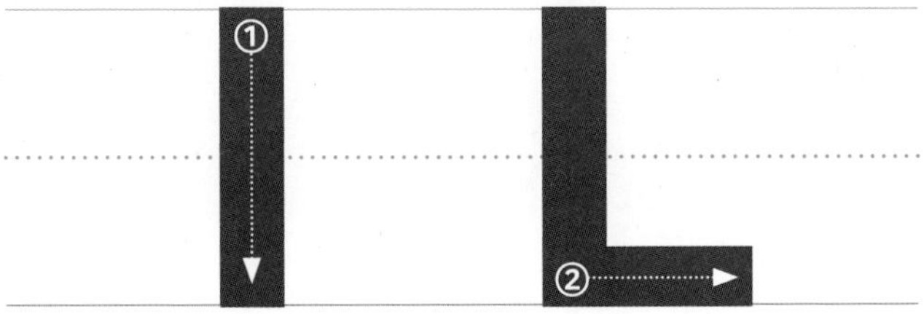

Tip 한 번에 이어서 쓰는 게 중요해요. ①을 그린 후 연필을 떼지 말고 방향만 오른쪽으로 바꾸어 ②를 그립니다.

연필로 선 안쪽을 따라 써 보세요.

이번에는 점선을 따라 써 볼까요?

점을 이어서도 써 봅니다.

시작점만 주어진 상태에서 완성하여 써 보세요.

삼선에 맞추어 스스로 정확하게 써 보세요.

LION

사자

H

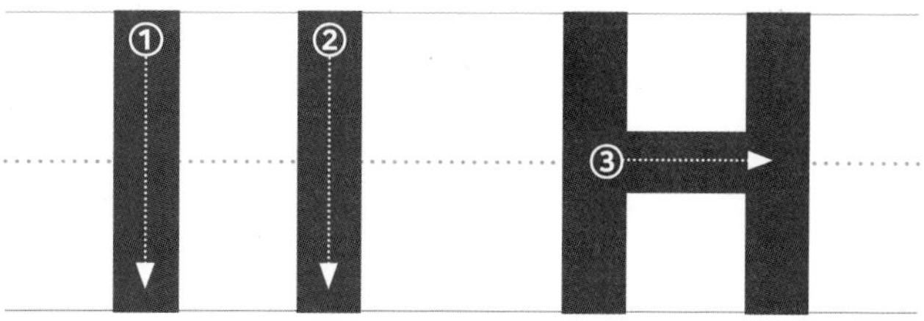

내 이름은 **에이치**야.

Tip ①을 그린 후 오른쪽으로 손가락 하나 너비만큼 떨어진 곳에 ②를 그려요. 연필을 떼어 두 선의 가운데에 ③을 그려서 이어요.

연필로 선 안쪽을 따라 써 보세요.

이번에는 점선을 따라 써 볼까요?

점을 이어서도 써 봅니다.

시작점만 주어진 상태에서 완성하여 써 보세요.

삼선에 맞추어 스스로 정확하게 써 보세요.

HIPPO

하마

E

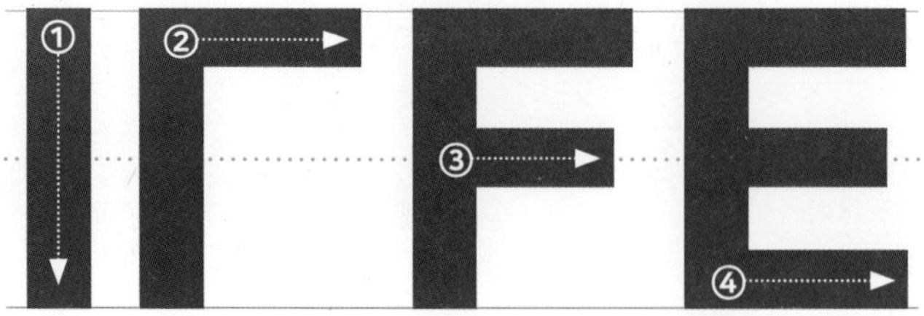

내 이름은 이야.

Tip 연필을 총 3번 떼어 쓰는 글자라 조금 어려워요. ②~④를 그리기 전에 반드시 ①의 시작점에 연필을 정확히 찍은 후 쓰세요.

연필로 선 안쪽을 따라 써 보세요.

이번에는 점선을 따라 써 볼까요?

점을 이어서도 써 봅니다.

시작점만 주어진 상태에서 완성하여 써 보세요.

삼선에 맞추어 스스로 정확하게 써 보세요.

EGG

알, 달걀

F

내 이름은 **에프**야.

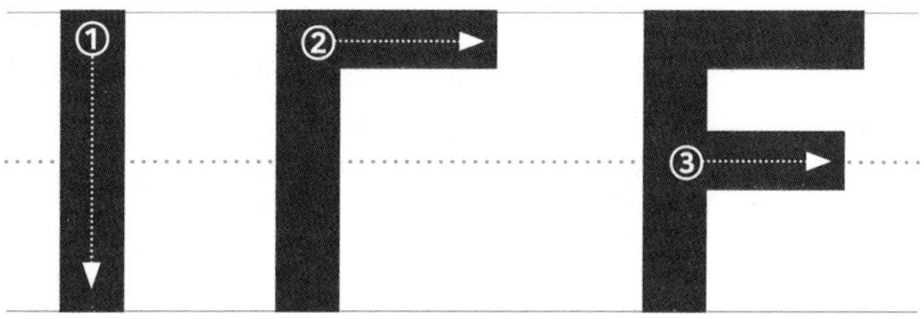

Tip E와 비슷하게 생겼지요? ②, ③을 그리기 전에 ①의 시작점에 연필을 정확히 찍어 쓴 뒤 쓰세요. 이때 각 선 사이에 틈이 생기지 않도록 합니다.

연필로 선 안쪽을 따라 써 보세요.

이번에는 점선을 따라 써 볼까요?

점을 이어서도 써 봅니다.

시작점만 주어진 상태에서 완성하여 써 보세요.

삼선에 맞추어 스스로 정확하게 써 보세요.

FISH

물고기

I

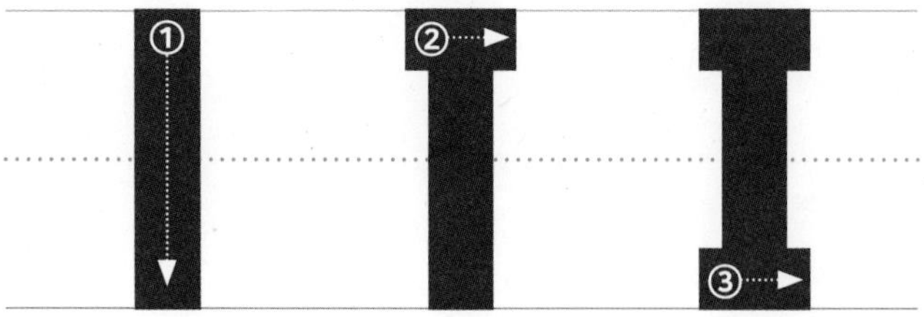

Tip 긴 직선 ①을 그린 후, 이것을 기준으로 위아래에 짧게 ②, ③을 그려요. 글자의 모양이 위아래로 대칭을 이루는 것을 이해하는 것이 중요해요.

연필로 선 안쪽을 따라 써 보세요.

이번에는 점선을 따라 써 볼까요?

점을 이어서도 써 봅니다.

시작점만 주어진 상태에서 완성하여 써 보세요.

삼선에 맞추어 스스로 정확하게 써 보세요.

ICE

얼음

T

내 이름은 티야.

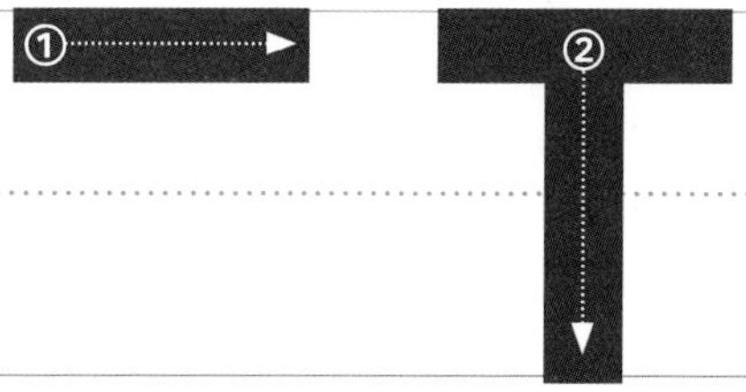

Tip ①을 그린 후, ①의 정가운데에 연필을 올려놓고 아래로 긴 직선 ②를 그립니다.

연필로 선 안쪽을 따라 써 보세요.

이번에는 점선을 따라 써 볼까요?

점을 이어서도 써 봅니다.

시작점만 주어진 상태에서 완성하여 써 보세요.

삼선에 맞추어 스스로 정확하게 써 보세요.

TIGER

호랑이

Review Test

1. 알파벳 이름에 맞는 대문자를 써 보세요.

① 엘

② 티

③ 아이

④ 에이치

⑤ 이

⑥ 에프

2. 몸동작 그림에 맞는 대문자를 써 보세요.

① 

② 

③ 

④ 

⑤ 

⑥ 

3. 그림을 보고, 단어의 첫 글자를 대문자로 써 보세요.

① 

GG

② 

IPPO

③ 

CE

④ 

ION

⑤ 

IGER

⑥ 

ISH

도전!

4. 몸동작 그림을 보고, 대문자를 차례대로 써서 새로운 단어를 배워 보세요.

① 

왼쪽

② 

파일

LESSON 2 직선과 대각선으로 쓰는 대문자

오늘 배우는 알파벳은 직선과
대각선으로 되어 있어요.
알파벳 모양이 만들어지는
과정을 눈으로 익히고,
각 알파벳을 손가락으로
가리키면서 이름을
큰 소리로 읽어 보세요.

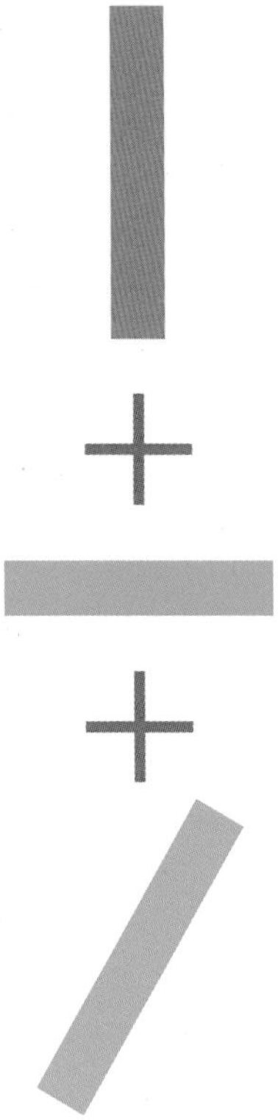

N N 엔	V V 뷔	W W 더블유
Y Y 와이	M M 엠	A A 에이
X X 엑스	Z Z 지	K K 케이

연습 1 점선을 따라 다양한 선을 그려 보세요.

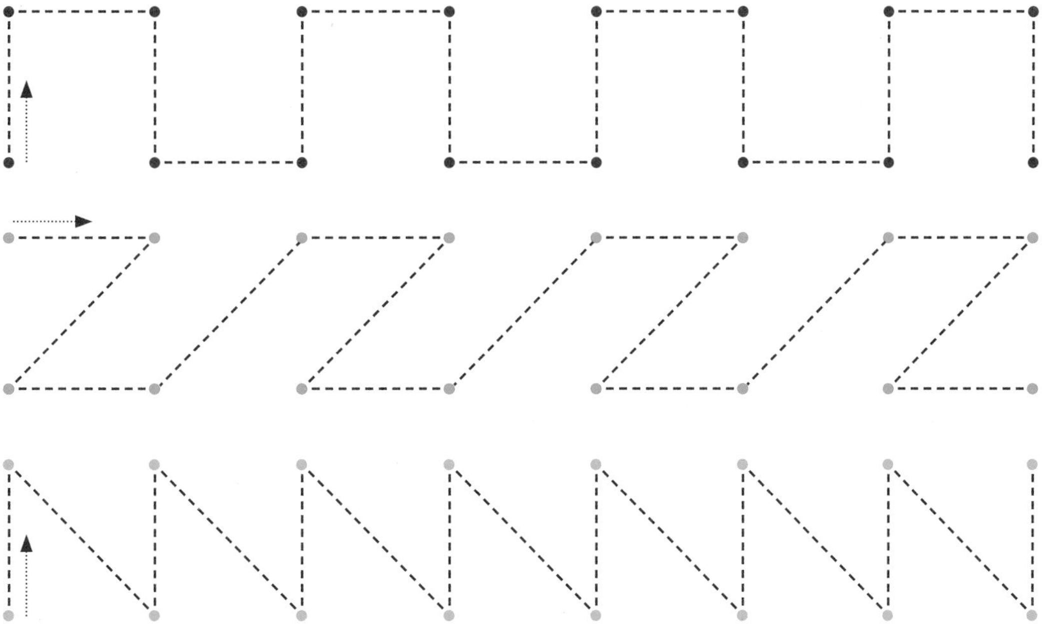

연습 2 점을 이어서 위와 똑같이 선을 그려 보세요.

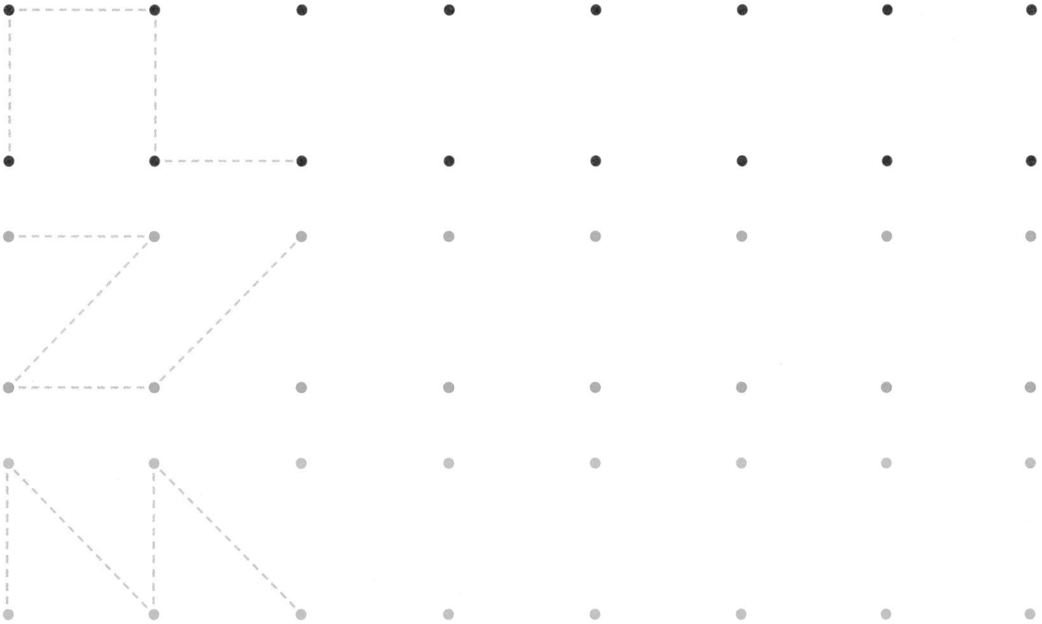

N

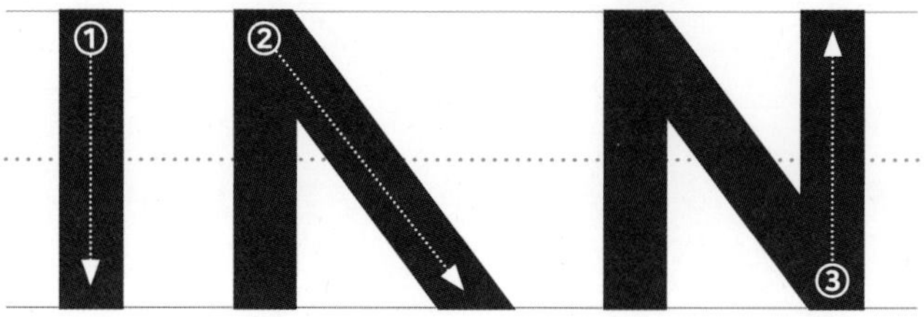

내 이름은 엔이야.

Tip ①을 쓴 후, 연필을 떼어 ①의 시작점에서 오른쪽 아래 방향으로 ②를 씁니다. 그다음 연필을 떼지 않은 상태에서 ③을 위로 이어서 씁니다.

연필로 선 안쪽을 따라 써 보세요.

이번에는 점선을 따라 써 볼까요?

점을 이어서도 써 봅니다.

시작점만 주어진 상태에서 완성하여 써 보세요.

삼선에 맞추어 스스로 정확하게 써 보세요.

NEST

둥지

V

내 이름은 **뷔**야.

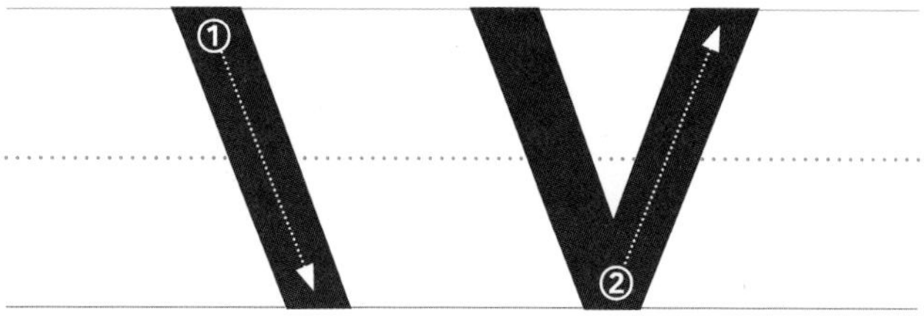

Tip **연필을 떼지 않고 한 번에 이어서 씁니다. 오른쪽 아래 방향으로 대각선 ①을 그린 후, 바로 이어서 방향을 바꿔 오른쪽 위로 대각선 ②를 그립니다.**

연필로 선 안쪽을 따라 써 보세요.

이번에는 점선을 따라 써 볼까요?

점을 이어서도 써 봅니다.

시작점만 주어진 상태에서 완성하여 써 보세요.

삼선에 맞추어 스스로 정확하게 써 보세요.

VIOLIN

바이올린

W

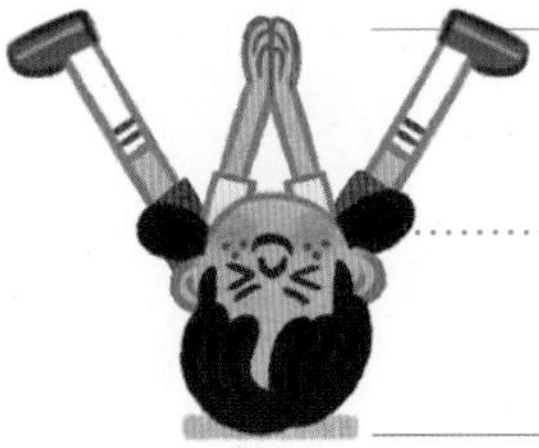

①②③④

내 이름은 **더블유**야.

Tip V를 두 번 이어서 쓴다고 생각해요. 4개의 선으로 되어 있지만, 처음부터 끝까지 연필을 떼지 않고 한 번에 쓰는 것이 중요해요.

연필로 선 안쪽을 따라 써 보세요.

W W W W W W W

이번에는 점선을 따라 써 볼까요?

W W W W W W W

점을 이어서도 써 봅니다.

W

시작점만 주어진 상태에서 완성하여 써 보세요.

삼선에 맞추어 스스로 정확하게 써 보세요.

WHALE

고래

Y

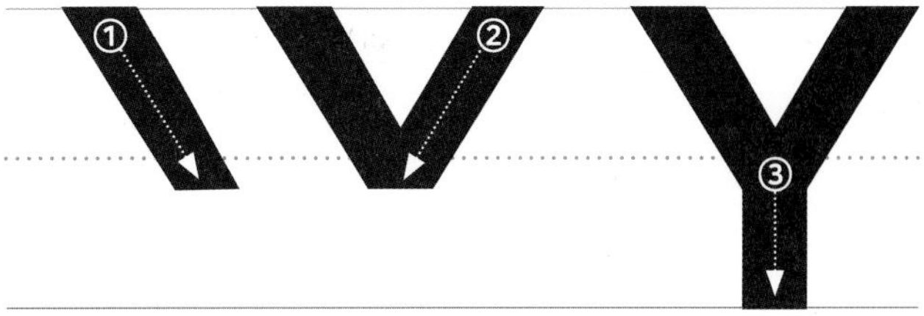

내 이름은 **와이**야.

Tip 위 칸에 V를 쓴다고 생각하며 ①을 쓰고, 연필을 떼어 방향을 바꿔 ②를 씁니다(V를 쓰는 순서와는 조금 달라요.). 그 다음 연필을 떼지 않고 가운데 점선에서 아래로 ③을 씁니다.

연필로 선 안쪽을 따라 써 보세요.

Y Y Y Y Y Y Y Y

이번에는 점선을 따라 써 볼까요?

Y Y Y Y Y Y Y Y

점을 이어서도 써 봅니다.

Y

시작점만 주어진 상태에서 완성하여 써 보세요.

삼선에 맞추어 스스로 정확하게 써 보세요.

YACHT

요트

M

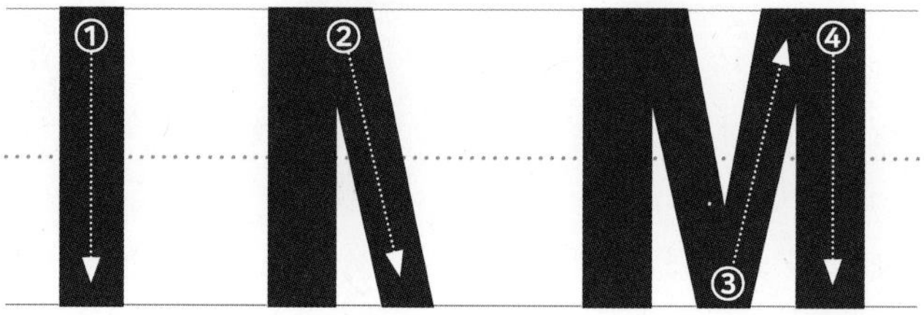

내 이름은 **엠**이야.

Tip ①을 쓴 후 연필을 뗍니다. 그다음 ①의 시작점으로 가서 나머지 대각선 ②, ③과 직선 ④를 한 번에 이어서 씁니다.

연필로 선 안쪽을 따라 써 보세요.

M M M M M M M

이번에는 점선을 따라 써 볼까요?

M M M M M M M

점을 이어서도 써 봅니다.

M

시작점만 주어진 상태에서 완성하여 써 보세요.

삼선에 맞추어 스스로 정확하게 써 보세요.

MONKEY

원숭이

A

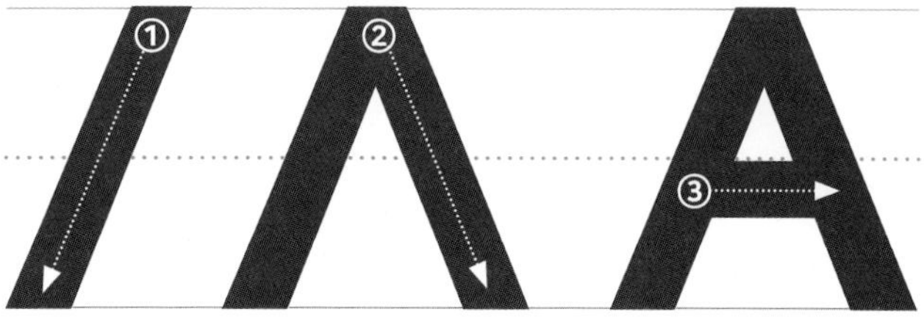

내 이름은 **에이**야.

Tip **A는 텐트 모양이에요. ①을 쓴 후 연필을 떼고 ①의 시작점으로 가서 반대 방향으로 ②를 씁니다. 연필을 떼어 초록 점선 아래에 ③을 써요.**

연필로 선 안쪽을 따라 써 보세요.

A A A A A A A A

이번에는 점선을 따라 써 볼까요?

A A A A A A A A

점을 이어서도 써 봅니다.

A

시작점만 주어진 상태에서 완성하여 써 보세요.

삼선에 맞추어 스스로 정확하게 써 보세요.

APPLE

사과

X

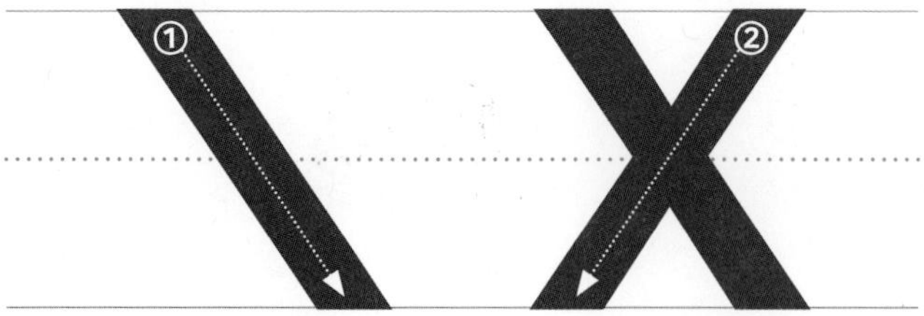

Tip 서로 반대 방향인 두 대각선이 초록 점선에서 만납니다. 두 번째 대각선 ②를 그을 때, 첫 번째 대각선 ①과 삼선의 가운데에서 만나도록 쓰세요.

연필로 선 안쪽을 따라 써 보세요.

이번에는 점선을 따라 써 볼까요?

점을 이어서도 써 봅니다.

시작점만 주어진 상태에서 완성하여 써 보세요.

삼선에 맞추어 스스로 정확하게 써 보세요.

X-RAY

엑스레이

Z

내 이름은 지야.

Tip 3개의 선을 한 번에 이어서 씁니다. ①과 ③의 길이가 같아지도록, 대각선 ②를 쓸 때 ①의 시작점 아래로 오게 맞춰 쓴 후, ③을 ①과 평행하게 써요.

연필로 선 안쪽을 따라 써 보세요.

이번에는 점선을 따라 써 볼까요?

점을 이어서도 써 봅니다.

시작점만 주어진 상태에서 완성하여 써 보세요.

삼선에 맞추어 스스로 정확하게 써 보세요.

ZEBRA

얼룩말

K

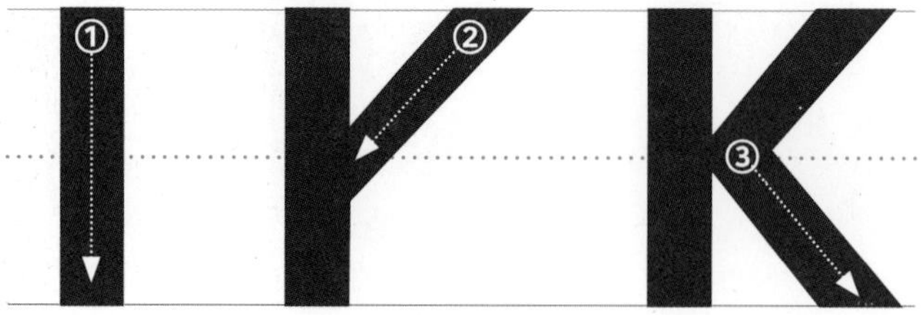

내 이름은 **케이**야.

Tip ①을 쓰고 연필을 뗀 후 V를 옆으로 뉘여서 쓴다고 생각하면 쉬워요. 직선 ①과 옆으로 뉘여 쓴 V가 초록 점선에서 만나도록 씁니다.

연필로 선 안쪽을 따라 써 보세요.

K K K K K K K K

이번에는 점선을 따라 써 볼까요?

점을 이어서도 써 봅니다.

시작점만 주어진 상태에서 완성하여 써 보세요.

삼선에 맞추어 스스로 정확하게 써 보세요.

KING

왕

Review Test

1. 알파벳 이름에 맞는 대문자를 써 보세요.

① 케이

② 더블유

③ 엑스

④ 와이

⑤ 에이

⑥ 엠

⑦ 지

⑧ 뷔

⑨ 엔

2. 몸동작 그림에 맞는 대문자를 써 보세요.

① 

② 

③ 

④ 

⑤ 

⑥ 

⑦ 

⑧ 

⑨ 

⑩ 

Lesson 1에서 배운 글자예요!

3. 그림을 보고, 단어의 첫 글자를 대문자로 써 보세요.

① 

IOLIN

② 

PPLE

③ 

ONKEY

④ 

ACHT

⑤ 

HALE

⑥ 

-RAY

⑦ 

ING

⑧ 

EST

⑨ 

EBRA

⑩ 

ION

⑪ 

IGER

⑫ 

IPPO

⑩~⑫는 Lesson 1에서 배운 글자예요!

도전!

4. 몸동작 그림을 보고, 대문자를 차례대로 써서 새로운 단어를 배워 보세요.

① 

남자

② 

5월

LESSON 3 직선과 곡선으로 쓰는 대문자

오늘은 직선과 곡선으로
이루어진 알파벳을 배울 거예요.
알파벳 모양이 만들어지는
과정을 눈으로 익히고,
각 알파벳을 손가락으로
가리키면서 이름을 큰 소리로
읽어 보세요.

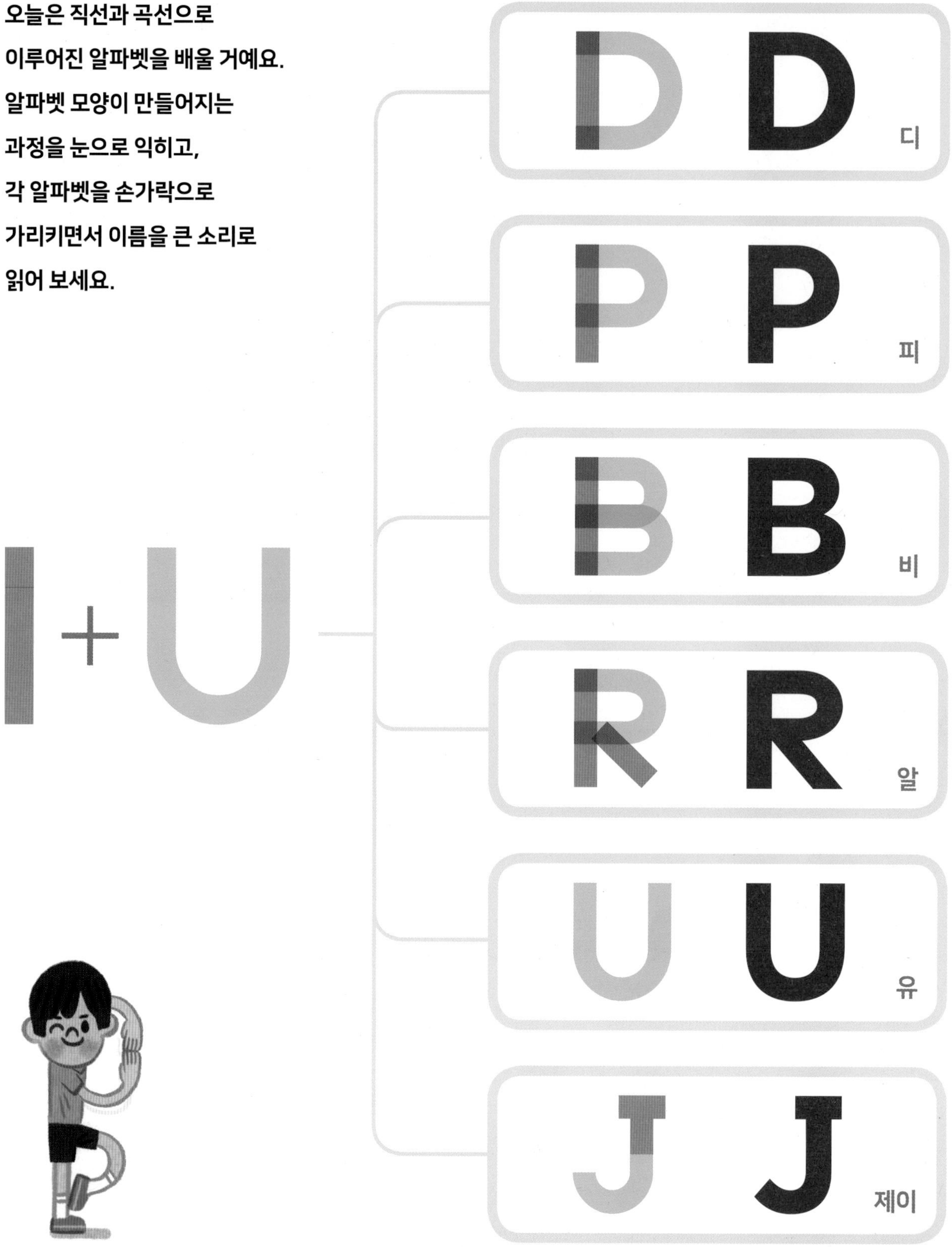

연습 1 점선을 따라 곡선을 그려 보세요.

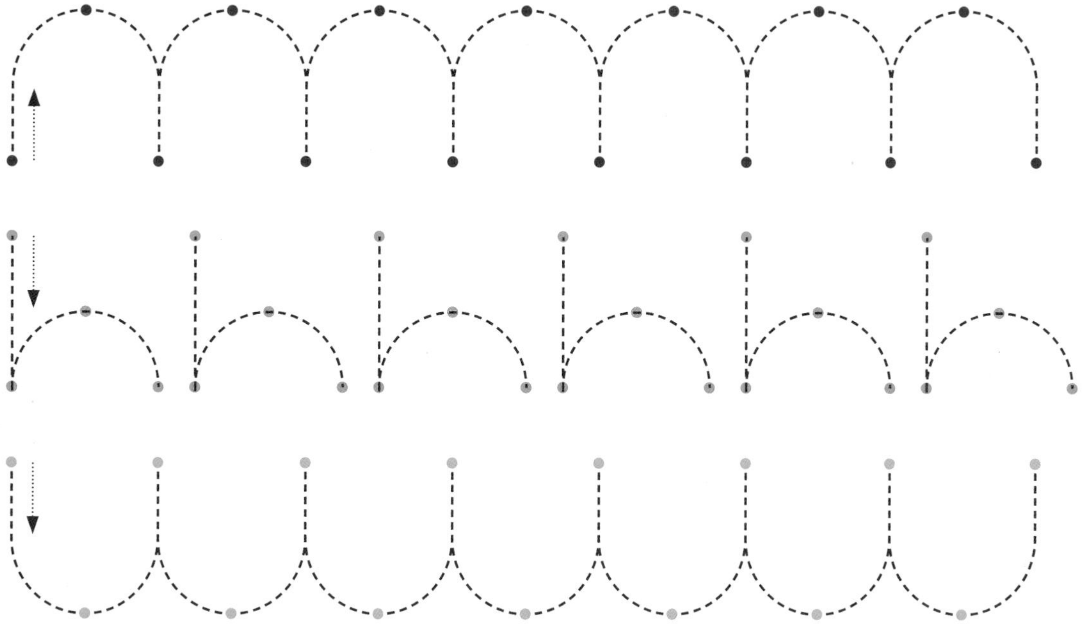

연습 2 점을 이어서 위와 똑같이 곡선을 그려 보세요.

D

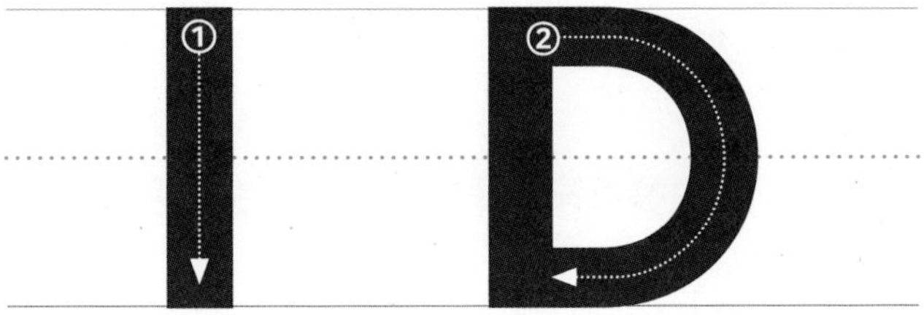

내 이름은 디야.

Tip 긴 직선과 큰 곡선을 이용해서 써요. 긴 직선 ①을 그린 후 연필을 떼고 직선의 위에서부터 아래까지 반원 모양의 큰 곡선 ②를 그려 이어 줍니다.

연필로 선 안쪽을 따라 써 보세요.

이번에는 점선을 따라 써 볼까요?

점을 이어서도 써 봅니다.

시작점만 주어진 상태에서 완성하여 써 보세요.

삼선에 맞추어 스스로 정확하게 써 보세요.

DOG

개

P

내 이름은 피야.

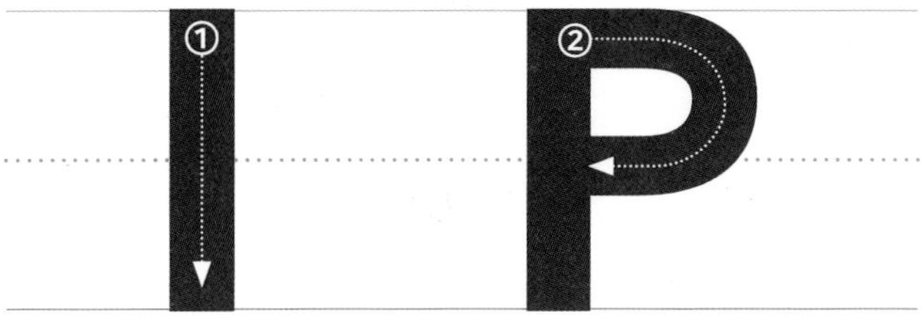

Tip D를 쓸 때와 같이 긴 직선 ①을 먼저 그려요. 연필을 뗀 후 작은 곡선 ②를 위 칸의 폭에 맞게 그려 줍니다.

연필로 선 안쪽을 따라 써 보세요.

P P P P P P P P

이번에는 점선을 따라 써 볼까요?

P P P P P P P P

점을 이어서도 써 봅니다.

P

시작점만 주어진 상태에서 완성하여 써 보세요.

삼선에 맞추어 스스로 정확하게 써 보세요.

PANDA

판다

B

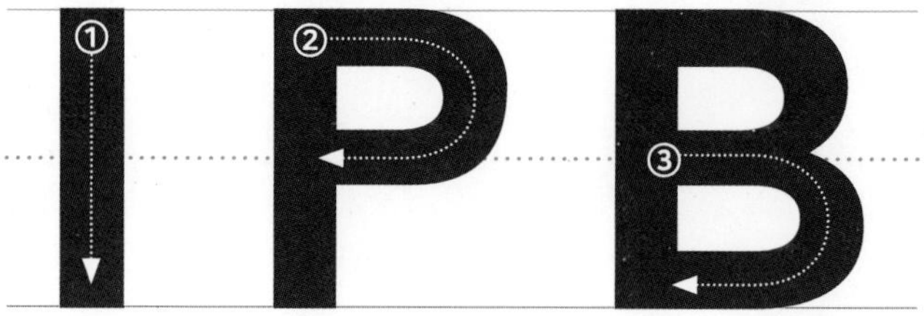

Tip ①을 쓴 후 연필을 떼고 두 개의 작은 곡선 ②, ③을 연속해서 그려요. ②에서 ③으로 넘어 갈 때 연필을 떼지 않고 한 번에 이어서 씁니다.

연필로 선 안쪽을 따라 써 보세요.

B B B B B B B B

이번에는 점선을 따라 써 볼까요?

B B B B B B B B

점을 이어서도 써 봅니다.

B

시작점만 주어진 상태에서 완성하여 써 보세요.

삼선에 맞추어 스스로 정확하게 써 보세요.

BALL

공

R

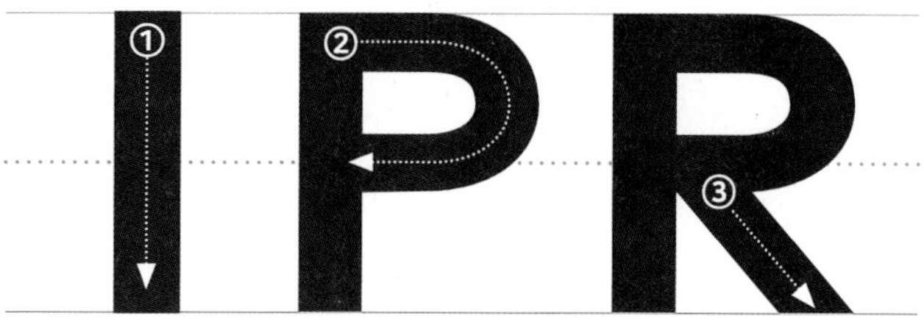

Tip 앞에서 배운 P에 다리가 달렸다고 생각하며 쓰세요. P를 쓴 다음 연필을 떼지 않고 오른쪽 아래 방향으로 대각선(다리) ③을 빨간선까지 이어서 그려 줍니다.

연필로 선 안쪽을 따라 써 보세요.

이번에는 점선을 따라 써 볼까요?

점을 이어서도 써 봅니다.

시작점만 주어진 상태에서 완성하여 써 보세요.

삼선에 맞추어 스스로 정확하게 써 보세요.

RABBIT

토끼

U

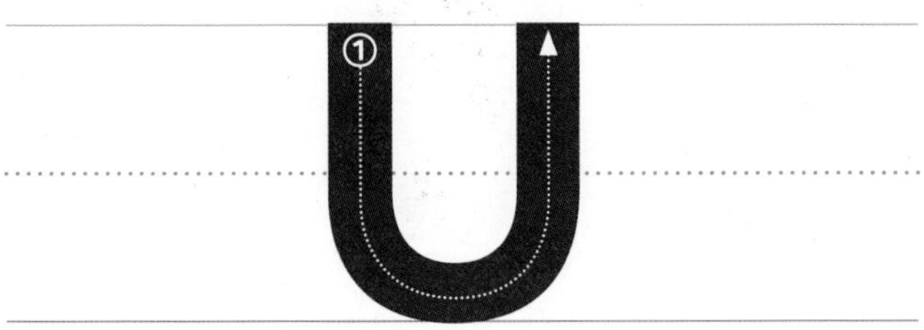

Tip 왼쪽에서 오른쪽으로 한 번에 씁니다. 오른쪽 선이 파란선까지 닿게 쓰되, 왼쪽 선과 길이가 같고 좌우 대칭이 되도록 씁니다.

연필로 선 안쪽을 따라 써 보세요.

U U U U U U U U

이번에는 점선을 따라 써 볼까요?

점을 이어서도 써 봅니다.

시작점만 주어진 상태에서 완성하여 써 보세요.

삼선에 맞추어 스스로 정확하게 써 보세요.

UMBRELLA

우산

J

내 이름은 **제이**야.

Tip 글자는 대부분 왼쪽에서 오른쪽으로 쓰는데, J의 ②는 방향이 반대예요. ②는 빨간선 근처까지 직선으로 쓰다가 왼쪽으로 방향을 바꿔 갈고리 모양으로 마무리해요.

연필로 선 안쪽을 따라 써 보세요.

이번에는 점선을 따라 써 볼까요?

점을 이어서도 써 봅니다.

시작점만 주어진 상태에서 완성하여 써 보세요.

삼선에 맞추어 스스로 정확하게 써 보세요.

JUICE

주스

Review Test

1. 알파벳 이름에 맞는 대문자를 써 보세요.

① 비

② 피

③ 디

④ 제이

⑤ 유

⑥ 알

2. 몸동작 그림에 맞는 대문자를 써 보세요.

① 

② 

③ 

④ 

⑤ 

⑥ 

3. 그림을 보고, 단어의 첫 글자를 대문자로 써 보세요.

① 

_ABBIT

② 

_UICE

③ 

_ALL

④ 

_ANDA

⑤ 

_OG

⑥ 

_MBRELLA

도전!

4. 몸동작 그림을 보고, 대문자를 차례대로 써서 새로운 단어를 배워 보세요.

① 

드럼

② 

점프

LESSON 4 둥글게 쓰는 대문자

오늘은 원 또는 곡선으로
이루어진 알파벳을 배울 거예요.
알파벳 모양이 만들어지는
과정을 눈으로 익히고,
각 알파벳을 손가락으로
가리키면서 이름을 큰 소리로
읽어 보세요.

연습 1 점선을 따라 곡선과 원을 그려 보세요.

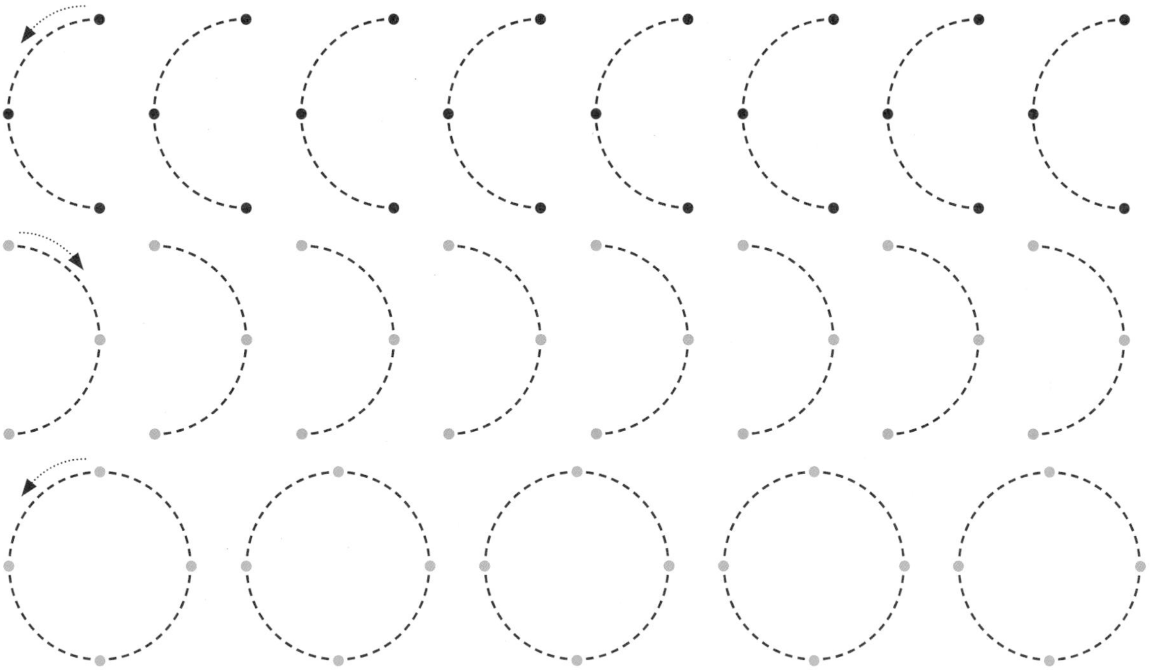

연습 2 점을 이어서 위와 똑같이 곡선과 원을 그려 보세요.

O

내 이름은 오야.

Tip 시작점과 끝나는 점이 같은 것에 유의하면서 최대한 둥글고 예쁘게 씁니다.

연필로 선 안쪽을 따라 써 보세요.

이번에는 점선을 따라 써 볼까요?

점을 이어서도 써 봅니다.

시작점만 주어진 상태에서 완성하여 써 보세요.

삼선에 맞추어 스스로 정확하게 써 보세요.

ORANGE

오렌지

Q

내 이름은 큐야.

Tip 먼저 앞에서 배운 대문자 O를 써요. 그다음 연필을 뗀 후 O의 오른쪽 아랫부분에 짧은 직선 ②를 그려 줍니다.

연필로 선 안쪽을 따라 써 보세요.

이번에는 점선을 따라 써 볼까요?

점을 이어서도 써 봅니다.

시작점만 주어진 상태에서 완성하여 써 보세요.

삼선에 맞추어 스스로 정확하게 써 보세요.

QUEEN

여왕

C

내 이름은 씨야.

Tip 파란선 바로 아래에서 시작해 빨간선 바로 위까지 크고 둥근 곡선을 한 번에 그려요.

연필로 선 안쪽을 따라 써 보세요.

이번에는 점선을 따라 써 볼까요?

점을 이어서도 써 봅니다.

시작점만 주어진 상태에서 완성하여 써 보세요.

삼선에 맞추어 스스로 정확하게 써 보세요.

CAT

고양이

G

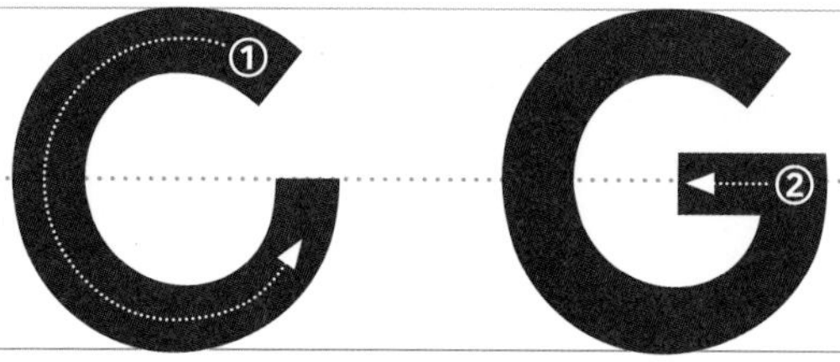

내 이름은 **쥐**야.

Tip C처럼 크고 둥근 곡선을 초록 점선까지만 그린 후 짧은 직선 ②를 오른쪽에서 왼쪽으로 곡선과 이어지게 긋습니다.

연필로 선 안쪽을 따라 써 보세요.

G G G G G G G G

이번에는 점선을 따라 써 볼까요?

점을 이어서도 써 봅니다.

시작점만 주어진 상태에서 완성하여 써 보세요.

삼선에 맞추어 스스로 정확하게 써 보세요.

GORILLA

고릴라

S

s

내 이름은 **에스**야.

Tip 두 개의 곡선으로 이어져 알파벳 중 가장 쓰기 어려운 글자예요. 위 칸에 작은 C를 쓴 후 연필을 떼지 않고 방향을 바꿔 아래 칸에 C를 반대 방향으로 써요.

연필로 선 안쪽을 따라 써 보세요.

s s s s s s s s

이번에는 점선을 따라 써 볼까요?

s s s s s s s s

점을 이어서도 써 봅니다.

s

시작점만 주어진 상태에서 완성하여 써 보세요.

삼선에 맞추어 스스로 정확하게 써 보세요.

SKI

스키

Review Test

1. 알파벳 이름에 맞는 대문자를 써 보세요.

① 쥐

② 씨

③ 큐

④ 에스

⑤ 오

⑥ 알

Lesson 3에서 배운 글자예요!

2. 몸동작 그림에 맞는 대문자를 써 보세요.

①

②

③

④

⑤

⑥

Lesson 3에서 배운 글자예요!

3. 그림을 보고, 단어의 첫 글자를 대문자로 써 보세요.

① 

___KI

② 

___AT

③ 

___UEEN

④ 

___ORILLA

⑤ 

___RANGE

⑥ 

___ALL

Lesson 3에서 배운 글자예요!

도전!

4. 몸동작 그림을 보고, 대문자를 차례대로 써서 새로운 단어를 배워 보세요.

① 

Lesson 3에서 배운 글자예요!

신

② 

Lesson 2에서 배운 글자예요!

아들

대문자 Final Review

Lesson 1~4에서 배운 알파벳 대문자를 A부터 Z까지 따라 쓰고, 각 글자의 이름을 큰 소리로 읽어 보세요.

A	A	A	A	A	**N**	N	N	N	N
B	B	B	B	B	**O**	O	O	O	O
C	C	C	C	C	**P**	P	P	P	P
D	D	D	D	D	**Q**	Q	Q	Q	Q
E	E	E	E	E	**R**	R	R	R	R
F	F	F	F	F	**S**	S	S	S	S
G	G	G	G	G	**T**	T	T	T	T
H	H	H	H	H	**U**	U	U	U	U
I	I	I	I	I	**V**	V	V	V	V
J	J	J	J	J	**W**	W	W	W	W
K	K	K	K	K	**X**	X	X	X	X
L	L	L	L	L	**Y**	Y	Y	Y	Y
M	M	M	M	M	**Z**	Z	Z	Z	Z

대문자 Play Time

대문자로 그림을 그려요. 대문자의 순서대로 점선을 따라 그리면 멋진 그림이 완성돼요. 완성된 그림은 예쁘게 색칠해 보세요.

예시

A + D + O = FACE(얼굴)

B + L + B = BUG(벌레)

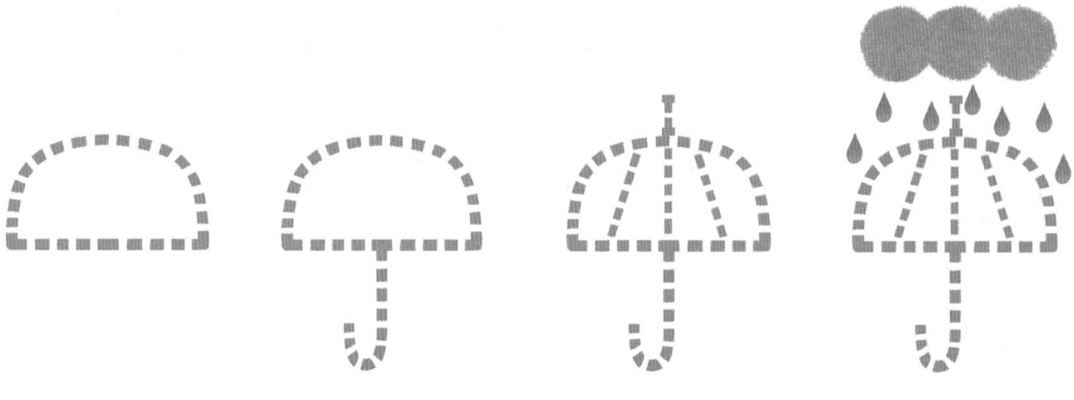

D + J + I = UMBRELLA(우산)

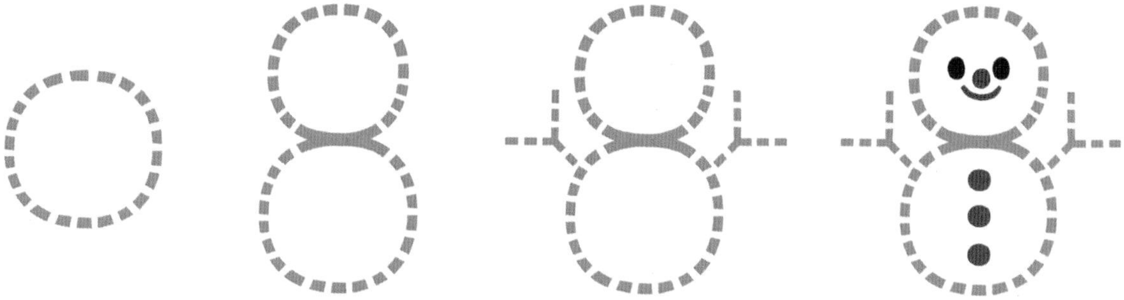

O + O + Y = **SNOWMAN**(눈사람)

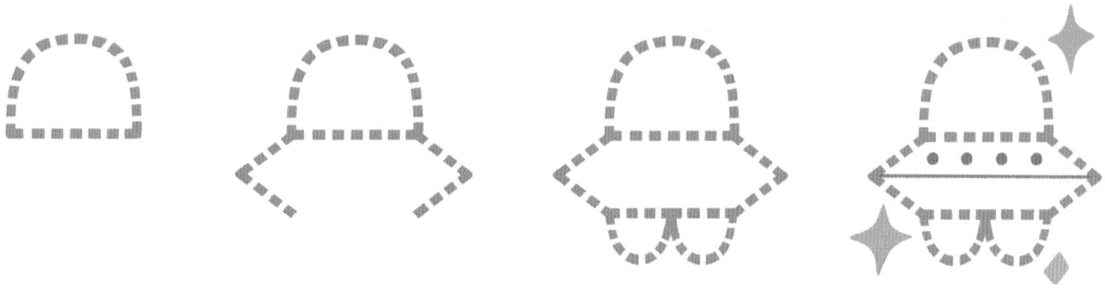

D + V + B = **UFO**(미확인 비행 물체)

O + C + Y = **FLOWER**(꽃)

CHAPTER 2. 소문자

소문자 26자 한눈에 보기

알파벳 소문자 모양을 눈으로 익히고, 각 알파벳의 이름을 큰 소리로 읽어 보세요.

a	b	c	d
에이	비	씨	디
e	f	g	h
이	에프	쥐	에이치
i	j	k	l
아이	제이	케이	엘

소문자는 종이가 발명되면서부터 만들어진 글자예요. 종이가 처음 나왔을 당시에는 종이 가격이 비쌌어요. 그런 데다가 종이에 대문자를 쓰면 시간도 오래 걸리고, 공간도 많이 차지하는 문제가 있었지요. 이를 개선하기 위해 대문자의 크기를 줄이고 쓰기 편한 곡선 위주로 바꾸는 과정에서 생긴 게 소문자예요.

□ m 엠 □ n 엔 □ o 오 □ p 피

□ q 큐 □ r 알 □ s 에스 □ t 티

□ u 유 □ v 뷔 □ w 더블유 □ x 엑스

□ y 와이 □ z 지

LESSON 1 대문자와 똑같이 생긴 소문자

오늘부터는 소문자를 공부합니다. 대문자와 똑같이 생겼지만 대문자보다 작게 쓰는 알파벳을 배울 거예요. 대문자 공부를 열심히 했다면 쉽게 익힐 수 있어요.

대문자	소문자	
C	c	씨
O	o	오
S	s	에스
V	v	뷔
W	w	더블유
X	x	엑스
Z	z	지

연습 1 다양한 곡선과 직선을 그려 보세요.

c

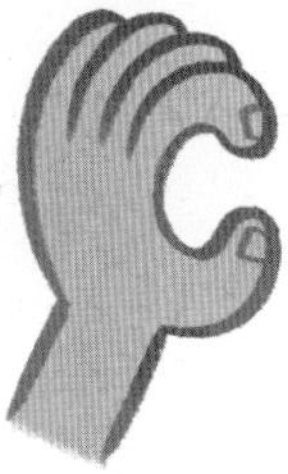

내 이름은 씨야.

c

Tip 대문자 C와 같은 모양에 크기만 작아요. 초록 점선 바로 아래에서 시작해 빨간선 바로 위까지 작은 곡선을 그립니다.

연필로 선 안쪽을 따라 써 보세요.

c c c c c c c c

이번에는 점선을 따라 써 볼까요?

점을 이어서도 써 봅니다.

시작점만 주어진 상태에서 완성하여 써 보세요.

삼선에 맞추어 스스로 정확하게 써 보세요.

crab

게

o

내 이름은 오야.

Tip 대문자 O와 같은 모양에 크기만 작아요. 시작점과 끝나는 점이 같은 것에 유의하면서 완전한 형태의 원 모양을 그립니다.

연필로 선 안쪽을 따라 써 보세요.

이번에는 점선을 따라 써 볼까요?

점을 이어서도 써 봅니다.

시작점만 주어진 상태에서 완성하여 써 보세요.

삼선에 맞추어 스스로 정확하게 써 보세요.

octopus

문어

S

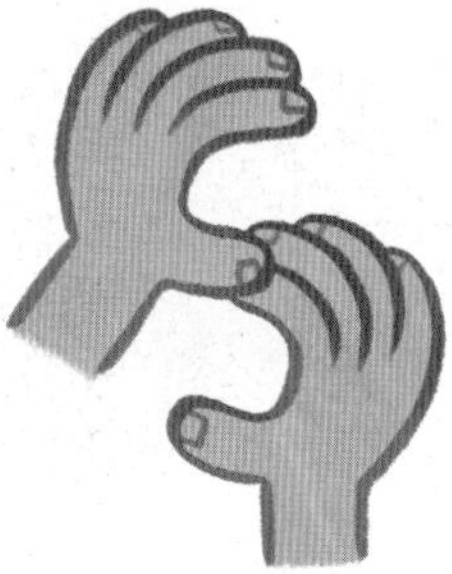

내 이름은 **에스**야.

s ①

Tip 대문자 S와 같은 모양에 크기만 작아요. 작게 써야 해서 어려울 수 있어요. 아래 칸에 소문자 c를 작게 쓴 다음 대문자 S와 마찬가지로 반대 방향으로 이어서 쓰세요.

연필로 선 안쪽을 따라 써 보세요.

s s s s s s s s

이번에는 점선을 따라 써 볼까요?

s s s s s s s s

점을 이어서도 써 봅니다.

시작점만 주어진 상태에서 완성하여 써 보세요.

삼선에 맞추어 스스로 정확하게 써 보세요.

snake

뱀

V

내 이름은 뷔야.

Tip 대문자 V와 같은 모양에 크기만 작아요. 아래 칸 높이에 맞춰 씁니다.

연필로 선 안쪽을 따라 써 보세요.

v v v v v v v v

이번에는 점선을 따라 써 볼까요?

점을 이어서도 써 봅니다.

시작점만 주어진 상태에서 완성하여 써 보세요.

삼선에 맞추어 스스로 정확하게 써 보세요.

vest

조끼

w

① ② ③ ④

내 이름은 **더블유**야.

Tip 대문자 W와 같은 모양에 크기만 작아요. 연필을 중간에 떼지 않고 소문자 v를 두 번 이어서 쓴다고 생각하면 쉽습니다.

연필로 선 안쪽을 따라 써 보세요.

w w w w w w w w

이번에는 점선을 따라 써 볼까요?

w w w w w w w w

점을 이어서도 써 봅니다.

w

시작점만 주어진 상태에서 완성하여 써 보세요.

삼선에 맞추어 스스로 정확하게 써 보세요.

watch

손목시계

X

내 이름은 **엑스**야.

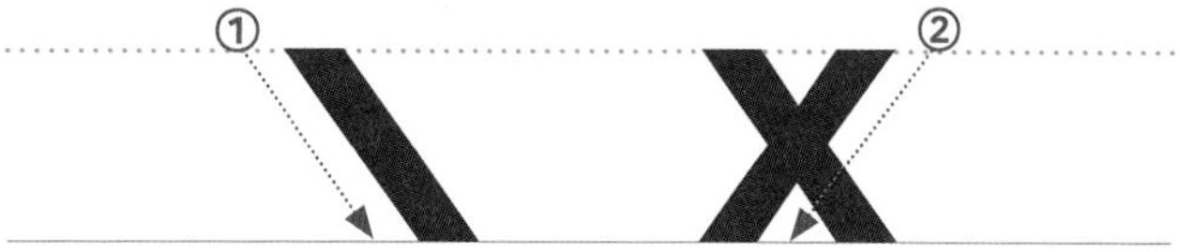

Tip 대문자 X와 같은 모양에 크기만 작아요. 대각선 ②를 그릴 때 대각선 ①의 중간을 지나가도록 유의합니다.

연필로 선 안쪽을 따라 써 보세요.

x x x x x x x x

이번에는 점선을 따라 써 볼까요?

점을 이어서도 써 봅니다.

시작점만 주어진 상태에서 완성하여 써 보세요.

삼선에 맞추어 스스로 정확하게 써 보세요.

xylophone

실로폰

Z

내 이름은 지야.

① ② ③

Tip 대문자 Z와 같은 모양에 크기만 작아요. z를 예쁘게 쓰려면 꼭짓점을 날카롭게 그려야 해요. 선의 방향을 바꿀 때 연필을 떼지 않고 이어서 씁니다.

연필로 선 안쪽을 따라 써 보세요.

z z z z z z z z

이번에는 점선을 따라 써 볼까요?

z z z z z z z z

점을 이어서도 써 봅니다.

z

시작점만 주어진 상태에서 완성하여 써 보세요.

삼선에 맞추어 스스로 정확하게 써 보세요.

zoo

동물원

Review Test

1. 알파벳 이름에 맞는 소문자를 써 보세요.

① 씨

② 에스

③ 오

④ 더블유

⑤ 엑스

⑥ 뷔

2. 손동작 그림에 맞는 소문자를 써 보세요.

① 

② 

③ 

④ 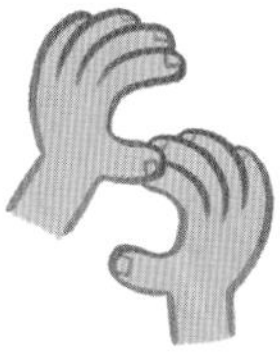

⑤ 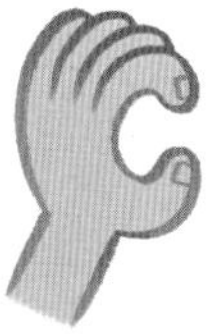

⑥ 

Review Test

3. 그림을 보고, 단어의 첫 글자를 소문자로 써 보세요.

① 

_atch

② 

_oo

③ 

_rab

④ 

_nake

⑤ 

_ctopus

⑥ 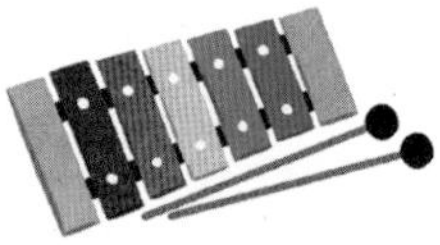

_ylophone

도전!

4. 손동작 그림을 보고, 소문자를 차례대로 써서 새로운 단어를 배워 보세요.

① 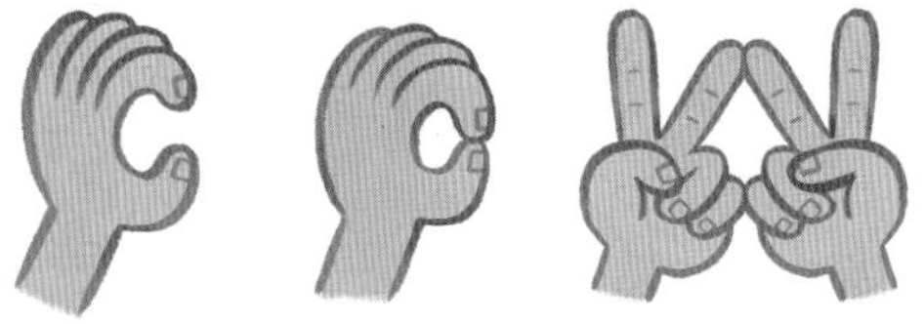

젓소

② 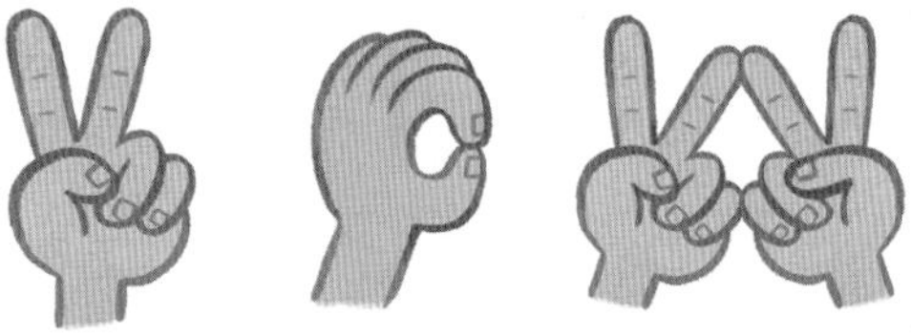

맹세

소문자-대문자 복습

5. 다음 소문자에 해당하는 대문자를 골라 ○표 하세요.

c	A	R	W	P	O	K	C
o	T	E	O	P	L	M	N
s	Q	G	F	S	I	U	D
v	P	V	Q	B	C	X	M
w	V	K	Z	X	W	A	J
x	M	N	V	F	D	X	E
z	E	R	Z	Y	P	X	J

c를 알면 쉽게 익히는 소문자

오늘 배우는 알파벳 네 개를 잘 살펴보면 글자 안에 소문자 c가 숨어 있어요. 소문자 c가 변해서 만들어졌거든요. c를 쓸 수 있다면 오늘 배우는 글자를 쉽게 익힐 수 있을 거예요.

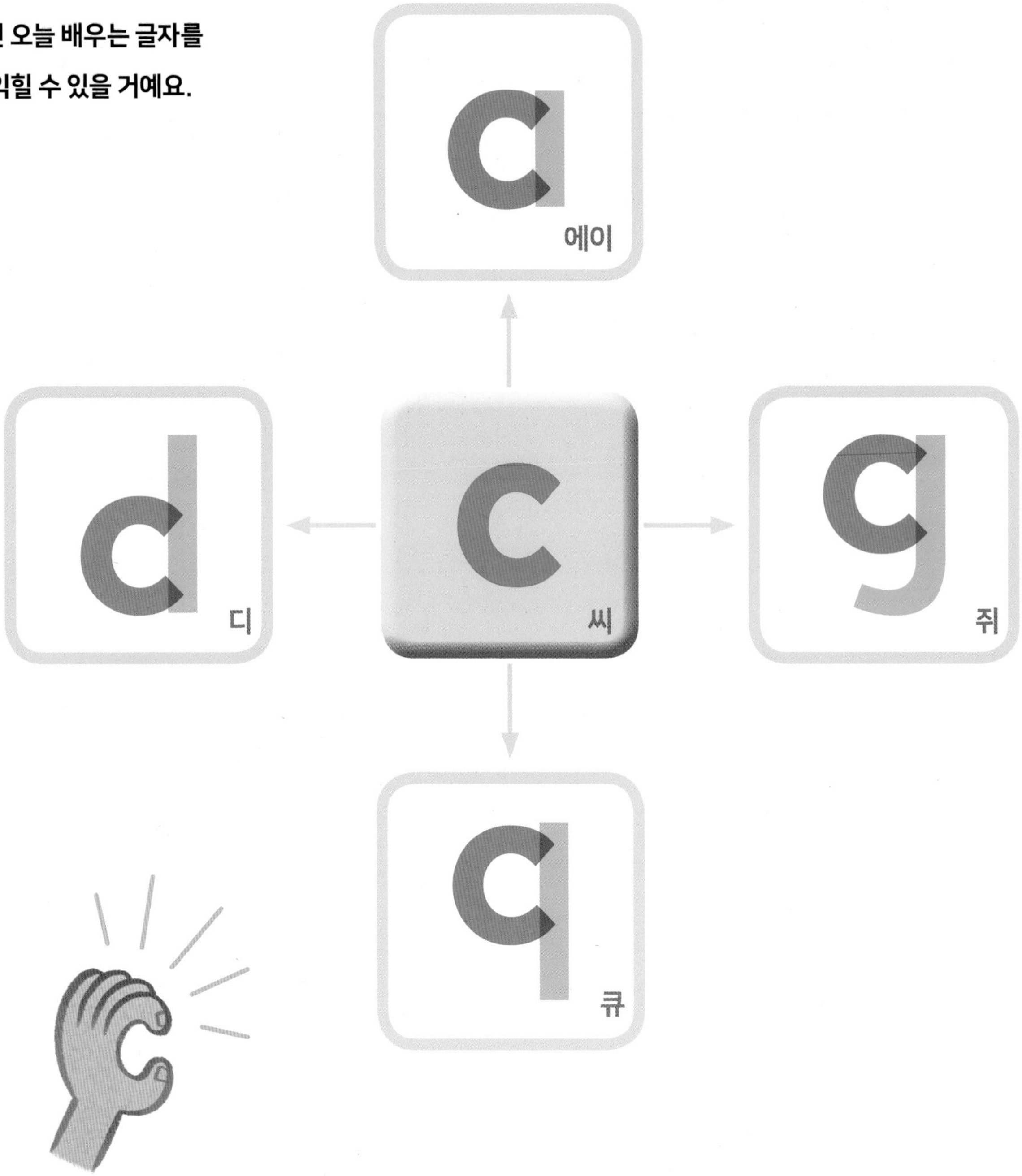

연습 1 곡선을 그리는 연습을 해 보세요.

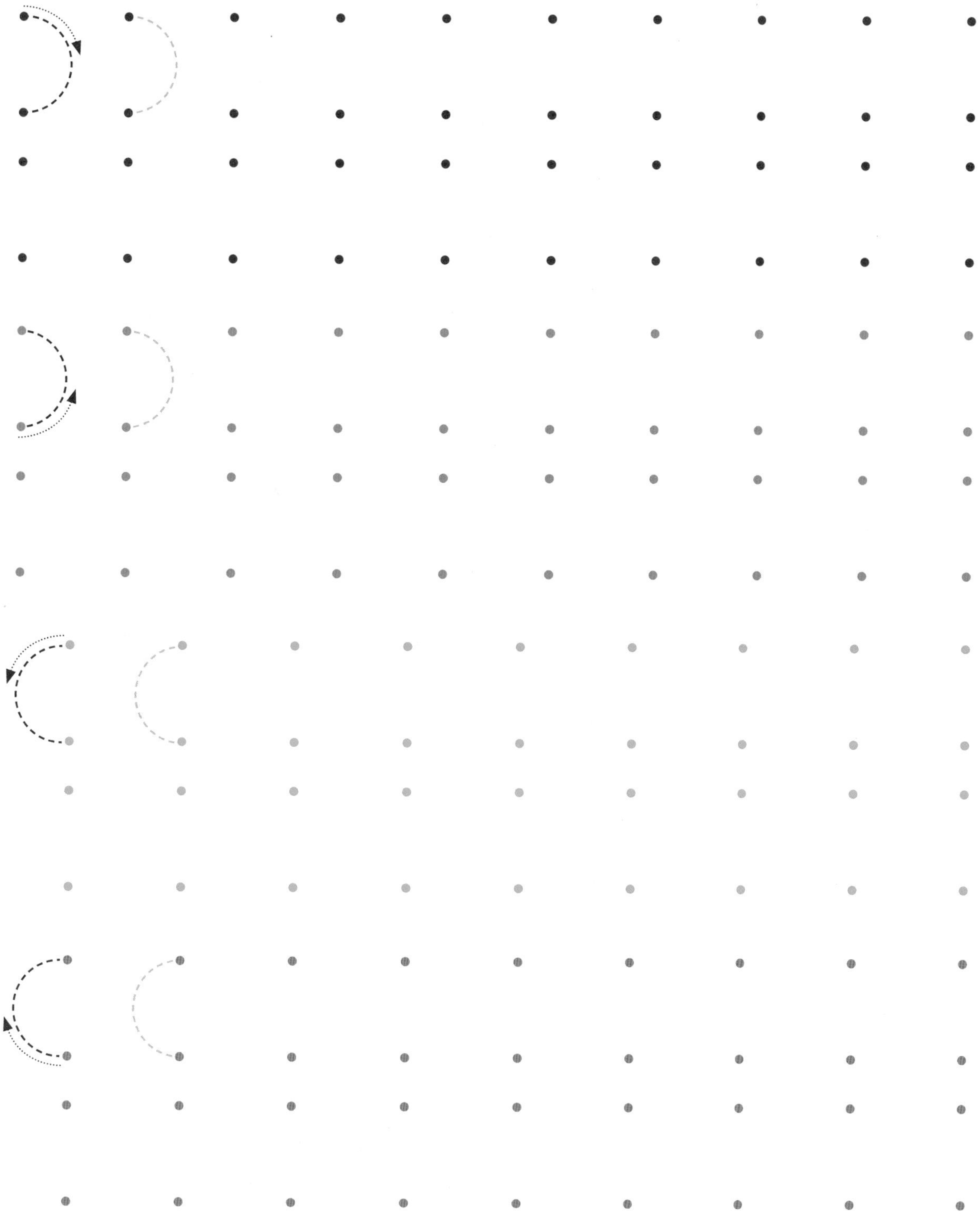

a

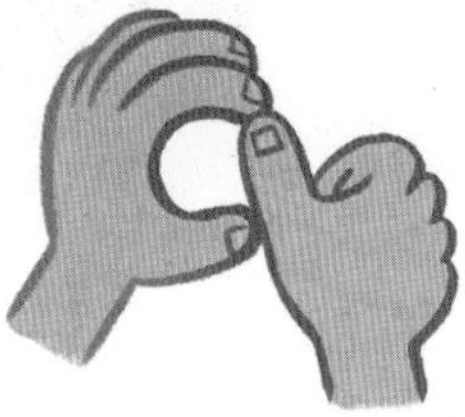

내 이름은 **에이**야.

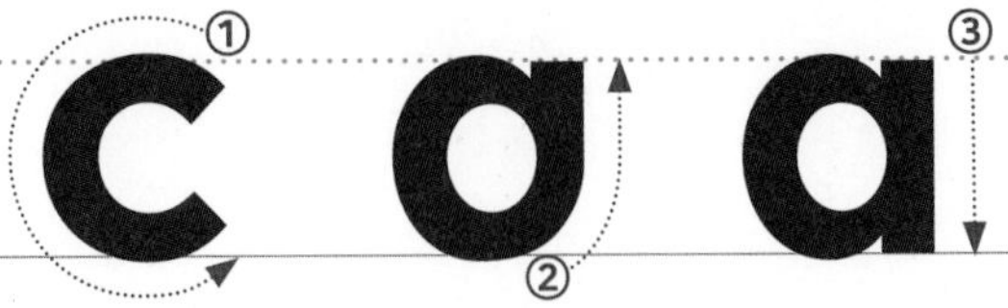

Tip 소문자 c가 a로 변해요! c를 쓰면서 초록 점선까지 위로 이어 쓴 후 바로 빨간선까지 짧은 직선을 아래로 그려 줍니다. 한 번에 쓰는 것이 중요해요.

연필로 선 안쪽을 따라 써 보세요.

a a a a a a a a

이번에는 점선을 따라 써 볼까요?

점을 이어서도 써 봅니다.

시작점만 주어진 상태에서 완성하여 써 보세요.

삼선에 맞추어 스스로 정확하게 써 보세요.

ant

개미

d

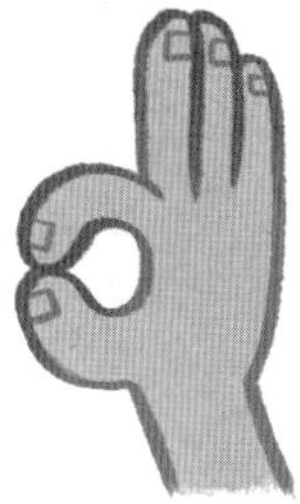

내 이름은 디야.

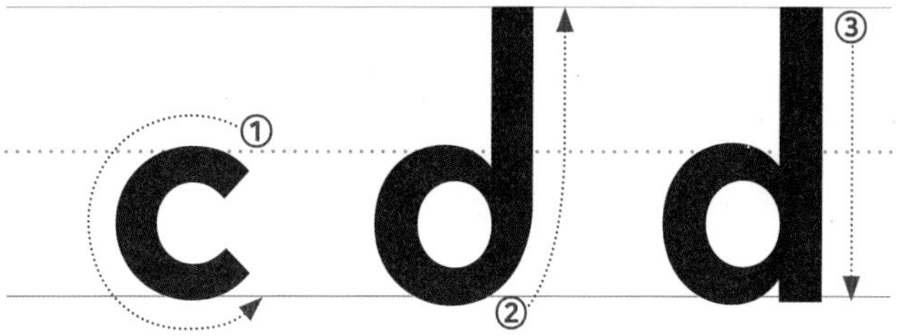

Tip 소문자 c가 d로 변해요! c를 쓰면서 파란선까지 선을 위로 이어 쓴 후 바로 빨간선까지 긴 직선을 아래로 그립니다. 연필을 떼지 않고 한 번에 쓰세요.

연필로 선 안쪽을 따라 써 보세요.

이번에는 점선을 따라 써 볼까요?

점을 이어서도 써 봅니다.

시작점만 주어진 상태에서 완성하여 써 보세요.

삼선에 맞추어 스스로 정확하게 써 보세요.

duck

오리

g

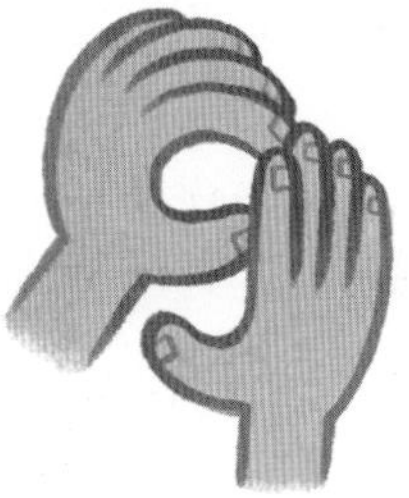

내 이름은 **쥐**야.

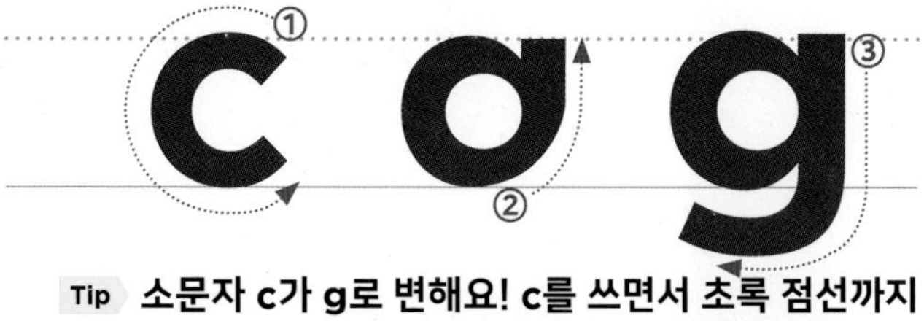

Tip 소문자 c가 g로 변해요! c를 쓰면서 초록 점선까지 선을 이어 주고, 바로 이어서 빨간선에 매달린 '원숭이 꼬리'를 그려요. 연필을 떼지 않고 한 번에 이어서 씁니다.

연필로 선 안쪽을 따라 써 보세요.

g g g g g g g g

이번에는 점선을 따라 써 볼까요?

점을 이어서도 써 봅니다.

시작점만 주어진 상태에서 완성하여 써 보세요.

삼선에 맞추어 스스로 정확하게 써 보세요.

goat

염소

q

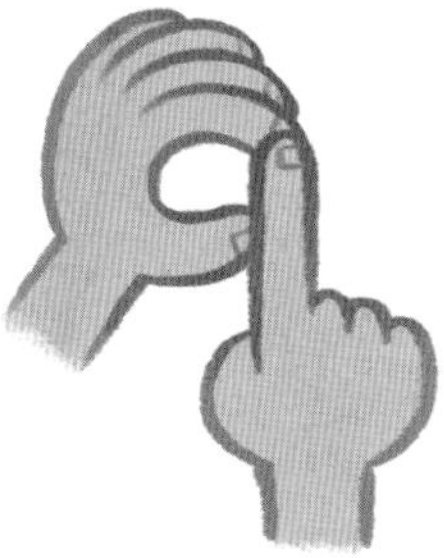

내 이름은 큐야.

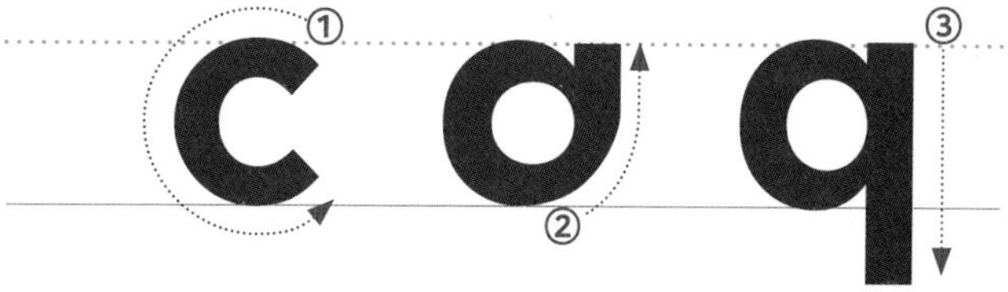

Tip 소문자 c가 q로 변해요! c를 쓰면서 초록 점선까지 선을 이어 쓴 후, 빨간선을 지나는 직선을 아래로 그어서 마무리합니다. 한 번에 쓰는 것이 중요해요.

연필로 선 안쪽을 따라 써 보세요.

q q q q q q q q

이번에는 점선을 따라 써 볼까요?

점을 이어서도 써 봅니다.

시작점만 주어진 상태에서 완성하여 써 보세요.

삼선에 맞추어 스스로 정확하게 써 보세요.

quiz
퀴즈

Review Test

1. 알파벳 이름에 맞는 소문자를 써 보세요.

① 디 ② 에이 ③ 쥐 ④ 큐

2. 손동작 그림에 맞는 소문자를 써 보세요.

① 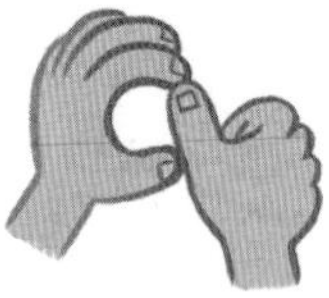

② 

③ 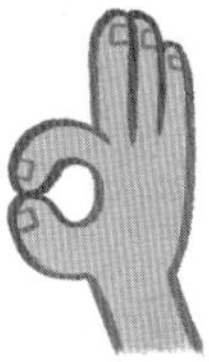

④ 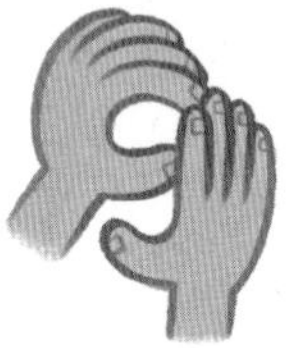

3. 그림을 보고, 단어의 첫 글자를 소문자로 써 보세요.

① 

___uck

② 

___uiz

③ 

___oat

도전!

4. 손동작 그림을 보고, 소문자를 차례대로 써서 새로운 단어를 배워 보세요.

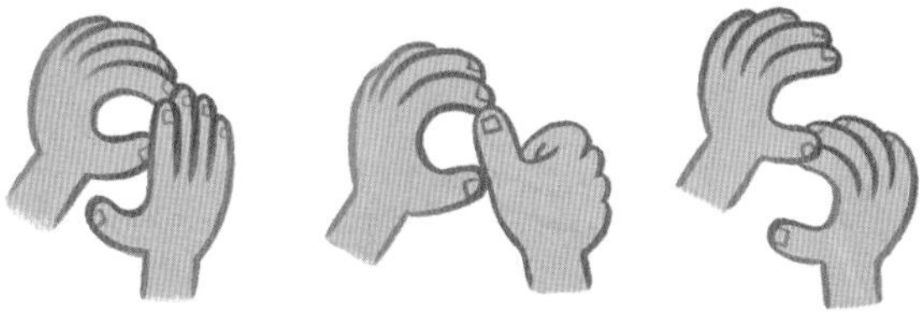

Lesson 1에서 배운 글자예요!

가스

소문자-대문자 복습

5. 다음 소문자에 해당하는 대문자를 골라 ○표 하세요.

a	A	R	W	P	O	K	C
d	T	E	O	P	L	D	N
g	Q	G	F	S	I	U	D
q	P	V	Q	B	C	X	M

LESSON 3 대문자와 비슷하게 생긴 소문자

오늘은 대문자와 비슷하게 생긴
소문자를 공부합니다.
공부해야 할 글자가 많지만,
한 글자 한 글자 어떤 부분이
대문자와 비슷한지 잘 보고
차근차근 익혀 보세요.

대문자	소문자	
F	f	에프
U	u	유
L	l	엘
E	e	이
I	i	아이
K	k	케이
Y	y	와이
J	j	제이
T	t	티

연습 1 다양한 직선과 곡선을 그려 보세요.

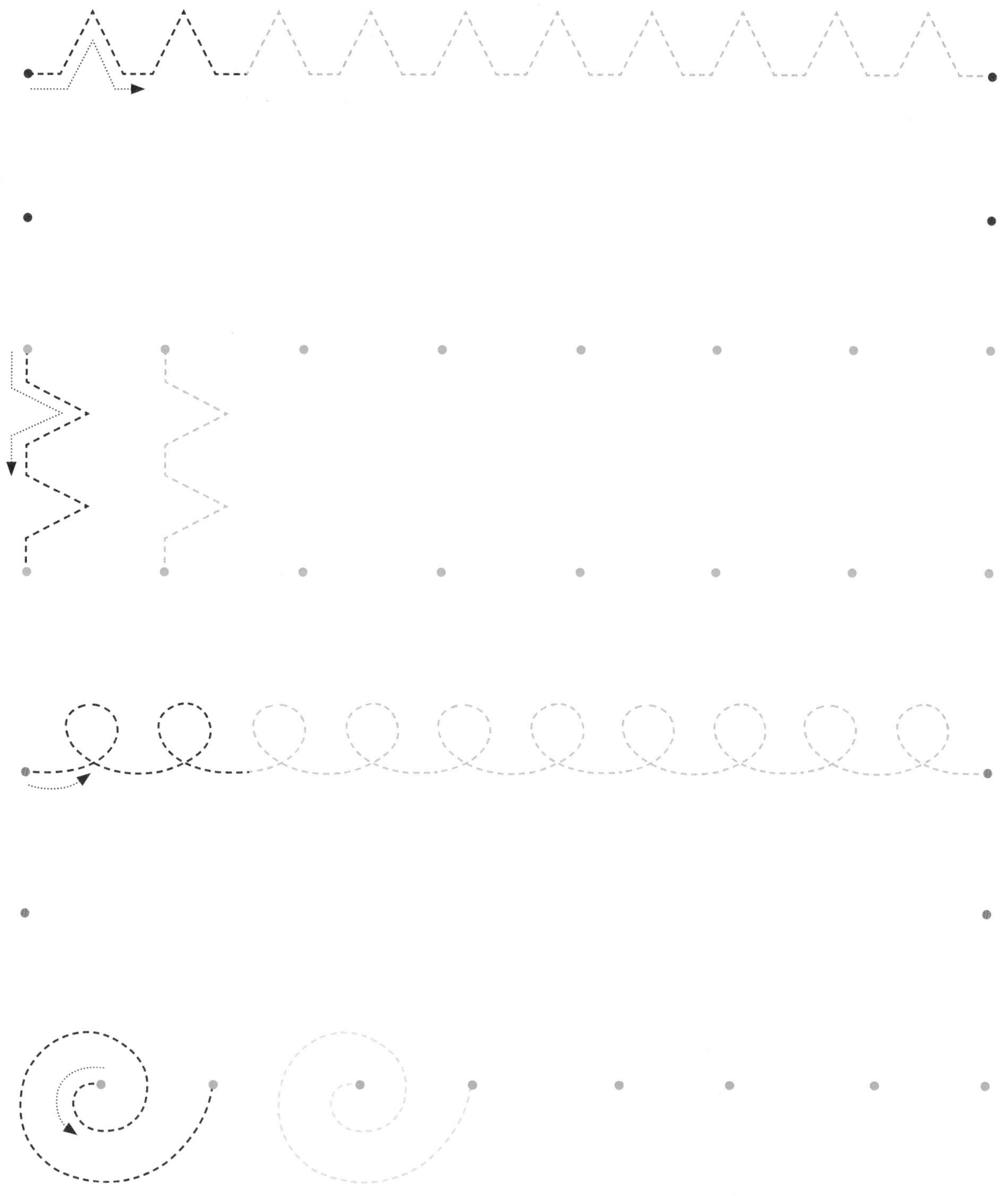

f

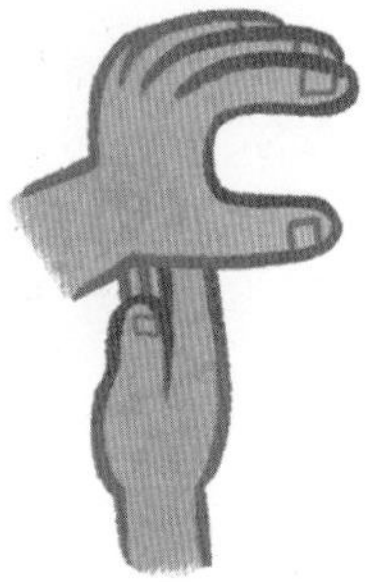

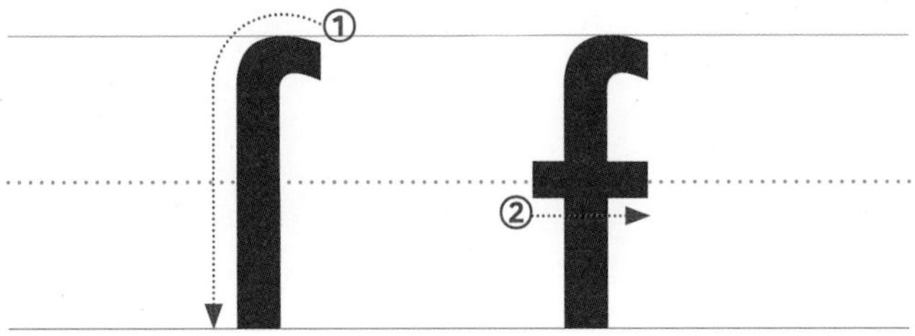

내 이름은 **에프**야.

Tip 대문자 F와 비슷하게 생겼죠? 파란선 아래에서 시작해 위쪽으로 갈고리 모양을 그리면서 빨간선까지 직선으로 마무리해요. 연필을 떼고 초록 점선 위에 짧은 직선 ②를 그어요.

연필로 선 안쪽을 따라 써 보세요.

이번에는 점선을 따라 써 볼까요?

점을 이어서도 써 봅니다.

시작점만 주어진 상태에서 완성하여 써 보세요.

삼선에 맞추어 스스로 정확하게 써 보세요.

fly

파리

u

내 이름은 유야.

Tip 대문자 U와 비슷하게 생겼죠? 작은 갈고리 모양을 그린 후 바로 이어서 위로 갔다가 아래로 직선을 그려 줍니다. 연필을 떼지 않고 부드럽게 이어서 쓰세요.

연필로 선 안쪽을 따라 써 보세요.

u u u u u u u u

이번에는 점선을 따라 써 볼까요?

점을 이어서도 써 봅니다.

시작점만 주어진 상태에서 완성하여 써 보세요.

삼선에 맞추어 스스로 정확하게 써 보세요.

uncle
삼촌

l

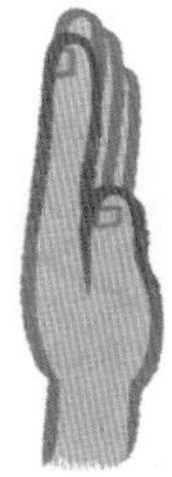

내 이름은 **엘**이야.

①

Tip 가장 쓰기 쉬운 알파벳이에요! 파란선부터 빨간선까지 직선을 그려 주세요. 반복해서 쓸 때는 길이가 달라지지 않게 유의합니다.

연필로 선 안쪽을 따라 써 보세요.

①

이번에는 점선을 따라 써 볼까요?

①

점을 이어서도 써 봅니다.

시작점만 주어진 상태에서 완성하여 써 보세요.

삼선에 맞추어 스스로 정확하게 써 보세요.

lemon

레몬

e

내 이름은 이야.

① ② e

Tip ①을 쓴 후 ②를 쓸 때 연필을 떼지 않고 고리 모양으로 부드럽게 그려 줍니다. 시작점과 곡선 부분이 떨어지지 않게 유의하세요.

연필로 선 안쪽을 따라 써 보세요.

① e ② e e e e e e e

이번에는 점선을 따라 써 볼까요?

① ②

점을 이어서도 써 봅니다.

시작점만 주어진 상태에서 완성하여 써 보세요.

삼선에 맞추어 스스로 정확하게 써 보세요.

elephant

코끼리

i

내 이름은 **아이**야.

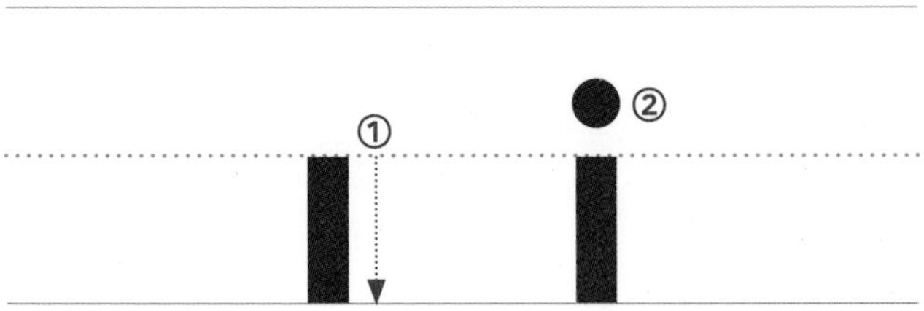

Tip 초록 점선에서 시작하는 직선은 그리기 쉬울 거예요. 하지만 위에 작은 점 찍는 것을 잊으면 안 돼요. 점을 찍지 않으면 i가 아니라 소문자 l처럼 보일 수 있기 때문입니다.

연필로 선 안쪽을 따라 써 보세요.

이번에는 점선을 따라 써 볼까요?

점을 이어서도 써 봅니다.

시작점만 주어진 상태에서 완성하여 써 보세요.

삼선에 맞추어 스스로 정확하게 써 보세요.

igloo

이글루

k

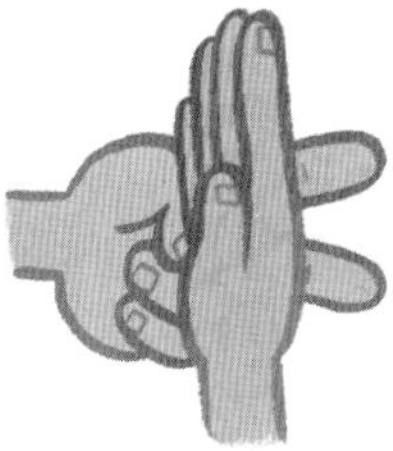

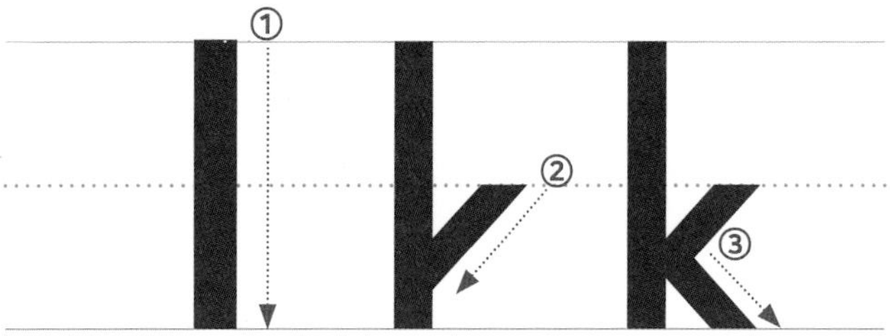

내 이름은 **케이**야.

Tip **대문자 K와 비슷하게 생겼죠? 긴 직선 ①을 그리고 연필을 뗀 다음 옆으로 누운 작은 v자를 ①에 붙여서 그려 줍니다.**

연필로 선 안쪽을 따라 써 보세요.

k k k k k k k k

이번에는 점선을 따라 써 볼까요?

점을 이어서도 써 봅니다.

시작점만 주어진 상태에서 완성하여 써 보세요.

삼선에 맞추어 스스로 정확하게 써 보세요.

key
열쇠

y

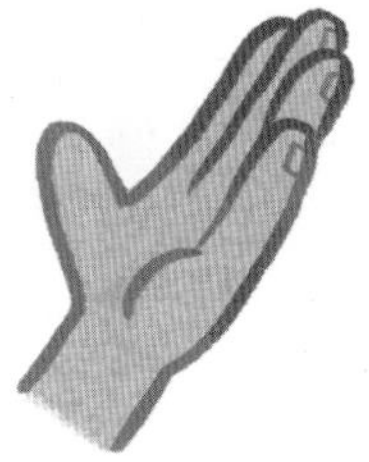

내 이름은 와이야.

① ②

Tip 대문자 Y와 비슷하게 생겼죠? ①을 그리고 연필을 뗀 다음 왼쪽 아래 방향으로 대각선 ②를 길게 그려 줍니다. 두 선이 만나는 지점이 떨어지지 않게 유의하세요.

연필로 선 안쪽을 따라 써 보세요.

① ② y y y y y y y y

이번에는 점선을 따라 써 볼까요?

① ② y y y y y y y y

점을 이어서도 써 봅니다.

시작점만 주어진 상태에서 완성하여 써 보세요.

삼선에 맞추어 스스로 정확하게 써 보세요.

yellow

노랑

j

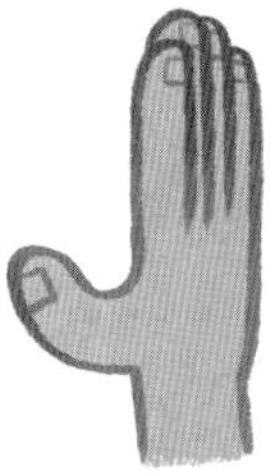

내 이름은 **제이**야.

① ②

Tip 대문자 J와 비슷하게 생겼죠? 초록 점선에서부터 빨간선을 살짝 지나서까지 직선을 그리고, 끝부분을 갈고리 모양으로 마무리합니다. 그런 다음 글자 위에 점을 꼭 찍어 주세요.

연필로 선 안쪽을 따라 써 보세요.

이번에는 점선을 따라 써 볼까요?

점을 이어서도 써 봅니다.

시작점만 주어진 상태에서 완성하여 써 보세요.

삼선에 맞추어 스스로 정확하게 써 보세요.

jam

잼

t

내 이름은 티야.

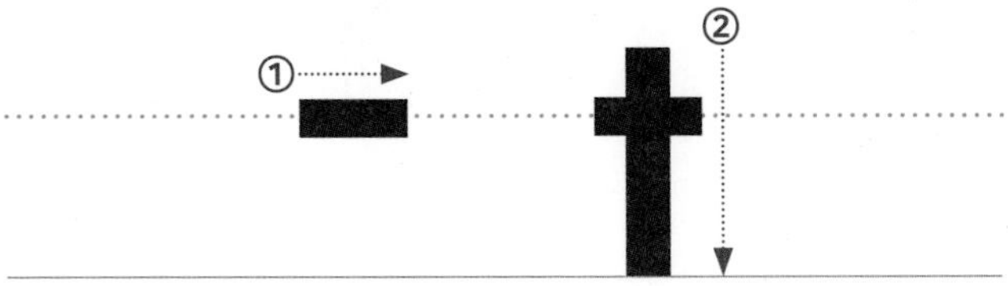

Tip 대문자 T와 비슷하게 생겼죠? 작은 십자가를 생각하면 쉬울 거예요. ②의 시작점이 파란선과 초록 점선의 중간 지점 위에 있다는 것에 유의하세요.

연필로 선 안쪽을 따라 써 보세요.

이번에는 점선을 따라 써 볼까요?

점을 이어서도 써 봅니다.

시작점만 주어진 상태에서 완성하여 써 보세요.

삼선에 맞추어 스스로 정확하게 써 보세요.

turtle

거북이

Review Test

1. 알파벳 이름에 맞는 소문자를 써 보세요.

① 유

② 이

③ 에프

④ 케이

⑤ 아이

⑥ 엘

2. 손동작 그림에 맞는 소문자를 써 보세요.

① 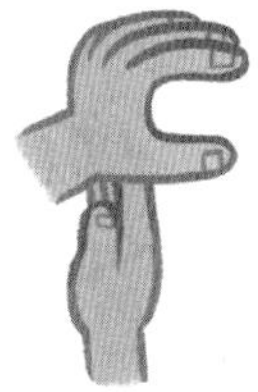

② 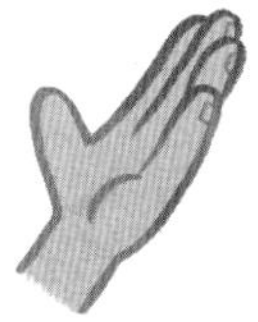

③ 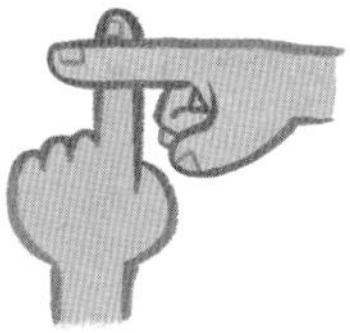

④ 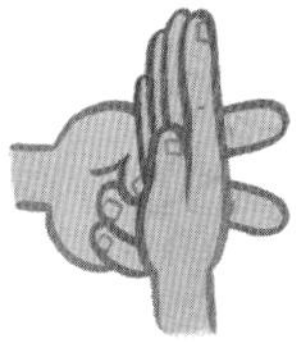

⑤ 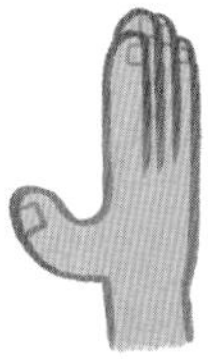

⑥ 

Review Test

3. 그림을 보고, 단어의 첫 글자를 소문자로 써 보세요.

① 

_ellow

② 

_urtle

③ 

_am

④ 

_gloo

⑤ 

_lephant

⑥ 

_ly

도전!

4. 손동작 그림을 보고, 소문자를 차례대로 써서 새로운 단어를 배워 보세요.

① 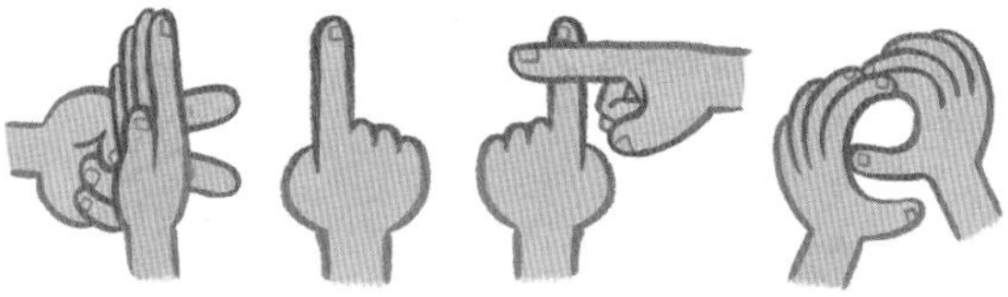

연

② 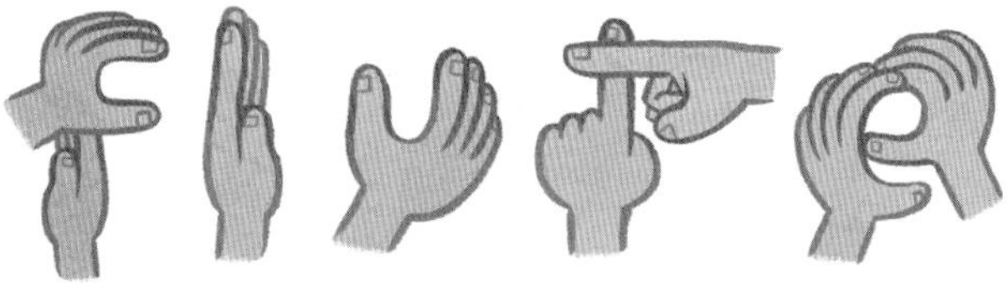

플루트

소문자-대문자 복습

5. 다음 소문자에 해당하는 대문자를 골라 ◯표 하세요.

k	G	H	W	K	Z	X	M
y	Q	Y	Z	A	T	J	N
j	K	C	F	R	T	E	J
l	P	I	U	H	L	W	Q
t	J	Y	T	K	D	E	A
u	X	R	J	H	U	W	G
f	E	T	Y	I	J	V	F

LESSON 4 다이빙을 하는 소문자

오늘은 다이빙을 하는 소문자를 공부해요. '다이빙을 하는 소문자'란 물속에 들어갔다가 다시 물위로 솟구쳐 오르듯이, 아래로 선을 그은 다음 곧바로 이어서 위로 선을 겹쳐서 쓰는 부분이 있는 글자를 말해요.

피

엠

알

에이치

엔

비

연습 1 점선을 따라 직선과 곡선을 그려 보세요.

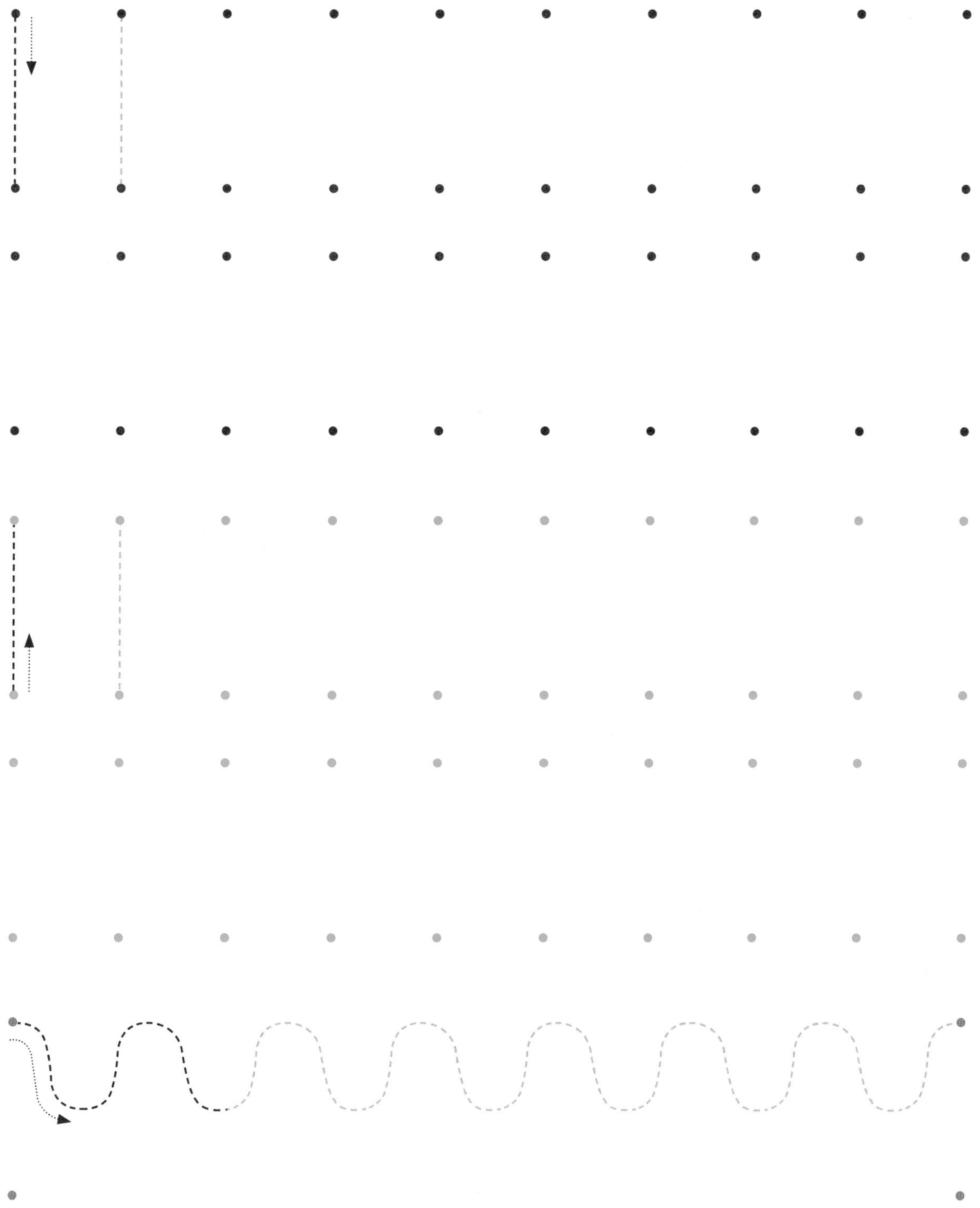

p

내 이름은 피야.

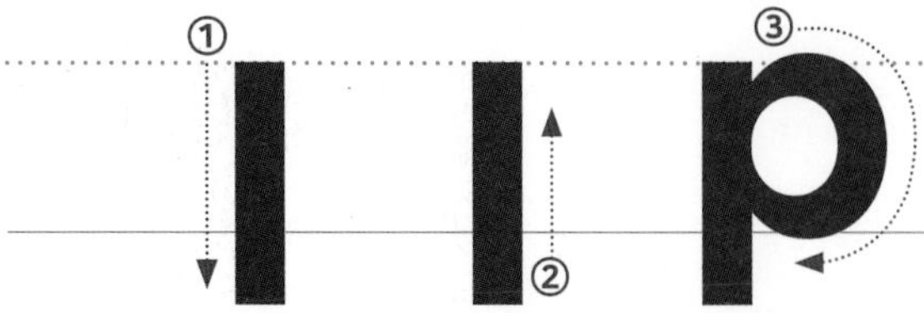

Tip 아래로 직선을 그린 후 연필을 떼지 않고 그대로 위로 직선을 따라 겹쳐 그린 후 자연스럽게 고리 모양을 그려 마무리합니다. 연필을 떼지 않고 한 번에 그리는 게 중요해요.

연필로 선 안쪽을 따라 써 보세요.

이번에는 점선을 따라 써 볼까요?

점을 이어서도 써 봅니다.

시작점만 주어진 상태에서 완성하여 써 보세요.

삼선에 맞추어 스스로 정확하게 써 보세요.

penguin

펭귄

r

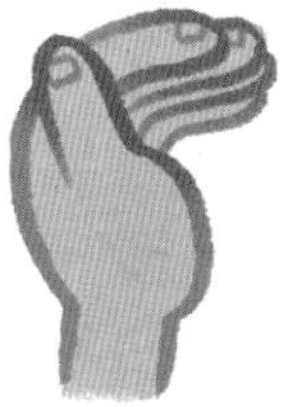

내 이름은 알이야.

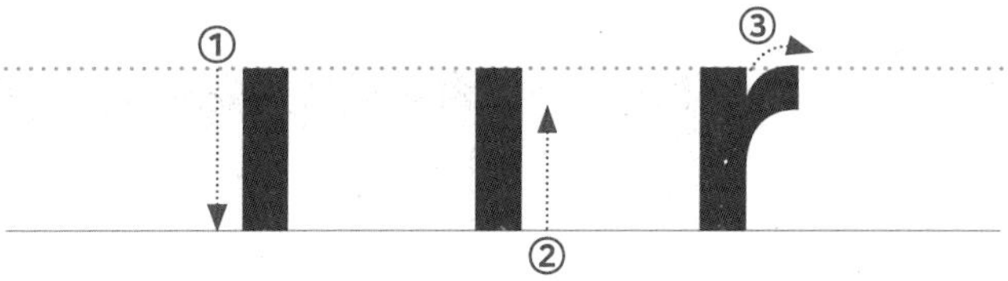

Tip 아래로 짧은 직선을 그린 후 연필을 떼지 않고 그대로 위로 직선을 따라 겹쳐 그린 후 작은 갈고리 모양을 그려 마무리합니다. 연필을 떼지 않고 한 번에 그리는 게 중요해요.

연필로 선 안쪽을 따라 써 보세요.

r r r r r r r r

이번에는 점선을 따라 써 볼까요?

r r r r r r r r

점을 이어서도 써 봅니다.

시작점만 주어진 상태에서 완성하여 써 보세요.

삼선에 맞추어 스스로 정확하게 써 보세요.

raccoon

너구리

n

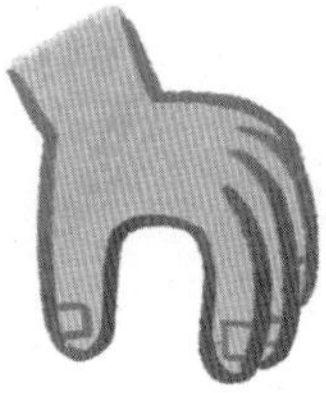

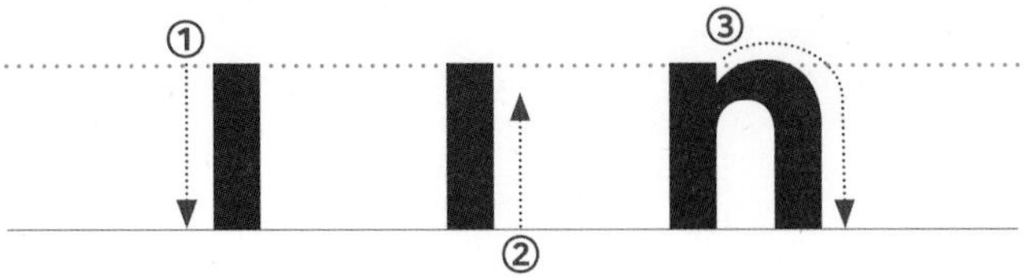

내 이름은 엔이야.

Tip 아래로 짧은 직선을 그린 후 연필을 떼지 않고 그대로 위로 직선을 따라 겹쳐 그린 후 오른쪽으로 작은 언덕을 그려요. 연필을 떼지 않고 한 번에 그리는 게 중요해요.

연필로 선 안쪽을 따라 써 보세요.

n n n n n n n n

이번에는 점선을 따라 써 볼까요?

n n n n n n n n

점을 이어서도 써 봅니다.

n

시작점만 주어진 상태에서 완성하여 써 보세요.

삼선에 맞추어 스스로 정확하게 써 보세요.

name

이름

m

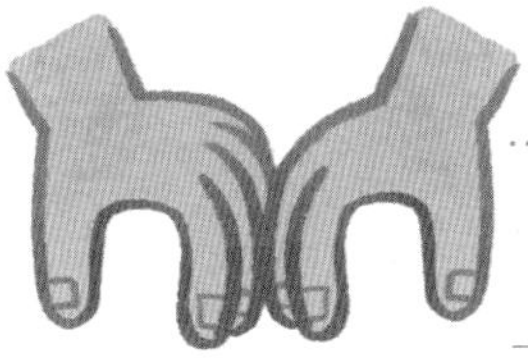

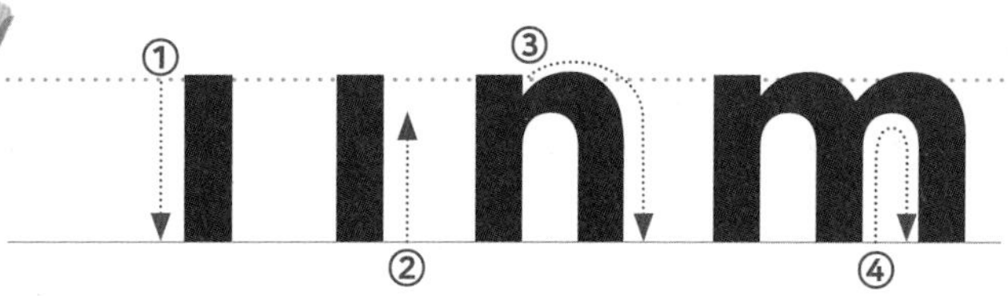

내 이름은 **엠**이야.

Tip 아래로 짧은 직선을 그린 후 연필을 떼지 않고 그대로 위로 직선을 따라 겹쳐 그린 후 오른쪽으로 작은 언덕 두 개를 연달아 그립니다.

연필로 선 안쪽을 따라 써 보세요.

m m m m m m m m

이번에는 점선을 따라 써 볼까요?

m m m m m m m m

점을 이어서도 써 봅니다.

m

시작점만 주어진 상태에서 완성하여 써 보세요.

삼선에 맞추어 스스로 정확하게 써 보세요.

mouse

쥐

h

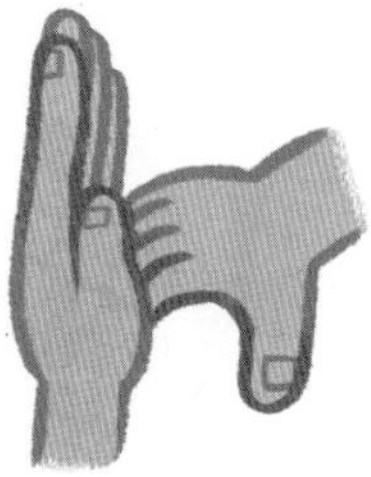

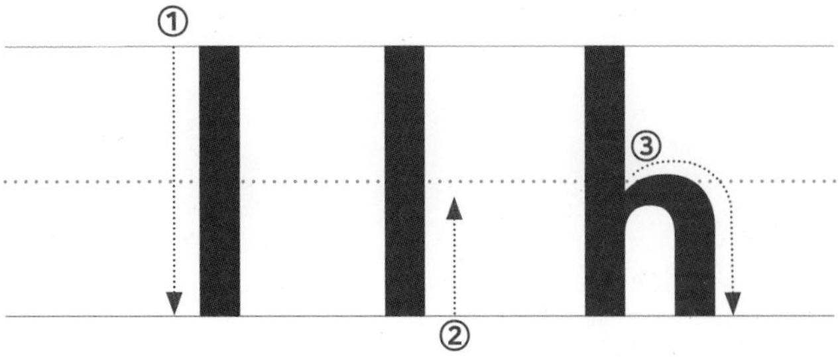

내 이름은 **에이치**야.

Tip 아래로 긴 직선을 그린 후 연필을 떼지 않고 그대로 초록 점선까지 직선을 따라 겹쳐 그린 후 오른쪽으로 작은 언덕을 그립니다.

연필로 선 안쪽을 따라 써 보세요.

h h h h h h h h

이번에는 점선을 따라 써 볼까요?

h h h h h h h h

점을 이어서도 써 봅니다.

h

시작점만 주어진 상태에서 완성하여 써 보세요.

삼선에 맞추어 스스로 정확하게 써 보세요.

horse

말

b

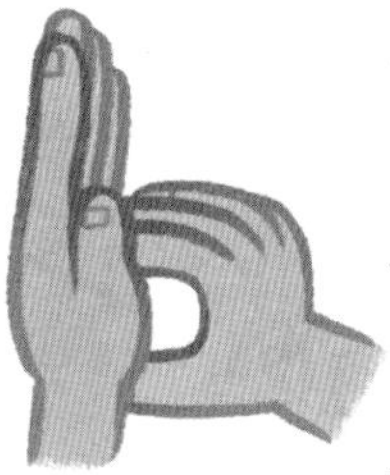

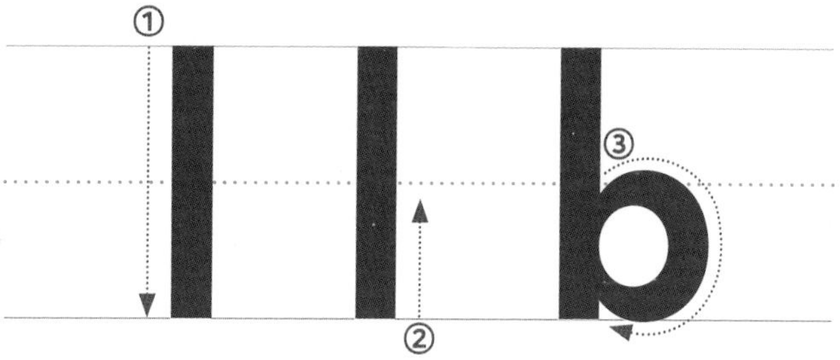

내 이름은 **비**야.

Tip 아래로 긴 직선을 그린 후 연필을 떼지 않고 그대로 위로 직선을 따라 겹쳐 그린 후 옆으로 작은 원을 그립니다. 연필을 떼지 않고 한 번에 그리는 게 중요해요.

연필로 선 안쪽을 따라 써 보세요.

b b b b b b b b

이번에는 점선을 따라 써 볼까요?

점을 이어서도 써 봅니다.

시작점만 주어진 상태에서 완성하여 써 보세요.

삼선에 맞추어 스스로 정확하게 써 보세요.

bat

박쥐

Review Test

1. 알파벳 이름에 맞는 소문자를 써 보세요.

① 피 ② 엠 ③ 알 ④ 엔

2. 손동작 그림에 맞는 소문자를 써 보세요.

① 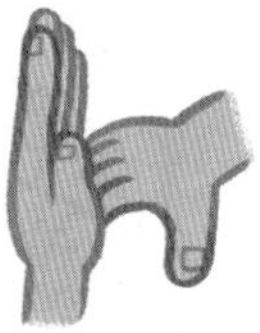

② 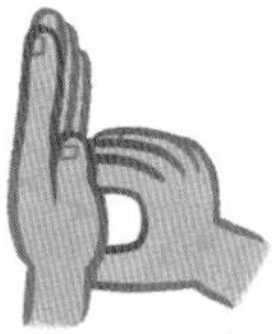

③ 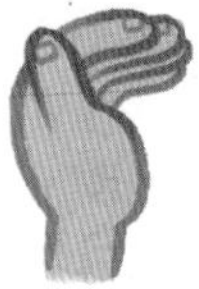

④ 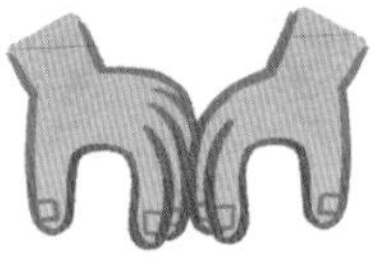

3. 그림을 보고, 단어의 첫 글자를 소문자로 써 보세요.

① 

__enguin

② 

__ouse

③ 

__at

④ 

__orse

⑤ 

__accoon

⑥ 

__ame

도전!

4. **손동작 그림을 보고, 소문자를 차례대로 써서 새로운 단어를 배워 보세요.**

① 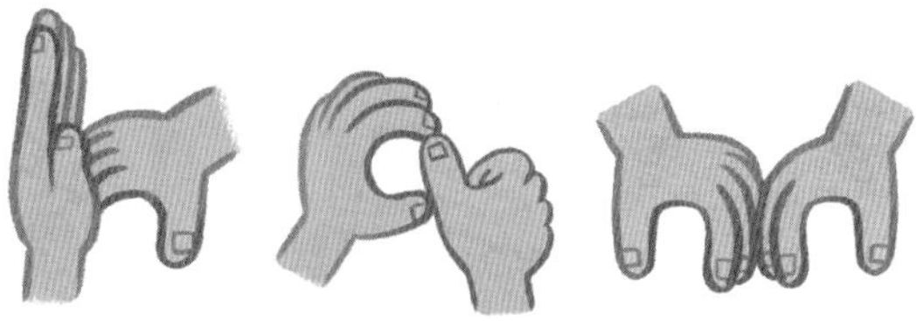

Lesson 2에서 배운 글자예요!

햄

② 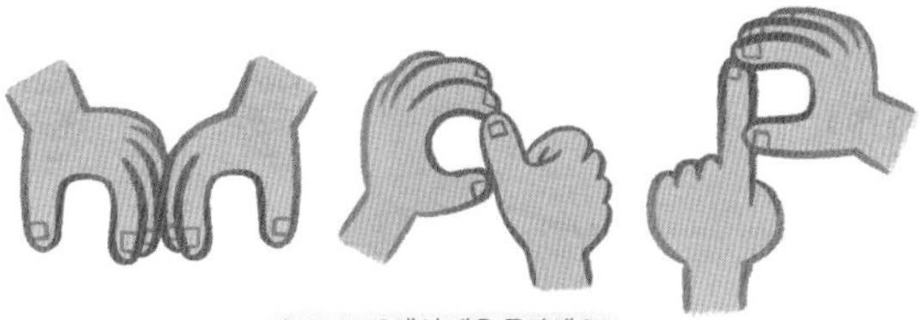

Lesson 2에서 배운 글자예요!

지도

소문자-대문자 복습

5. **다음 소문자에 해당하는 대문자를 골라 ○표 하세요.**

m	A	Q	N	P	O	M	X
r	Y	H	R	P	C	S	K
h	K	T	R	Y	U	J	H
n	B	E	W	P	M	N	L
b	N	B	X	U	F	H	T
p	S	A	C	R	P	O	I

소문자 Final Review

Lesson 1~4에서 배운 알파벳 소문자를 a부터 z까지 따라 쓰고, 각 글자의 이름을 큰 소리로 읽어 보세요.

a	a	a	a	a	n	n	n	n	n
b	b	b	b	b	o	o	o	o	o
c	c	c	c	c	p	p	p	p	p
d	d	d	d	d	q	q	q	q	q
e	e	e	e	e	r	r	r	r	r
f	f	f	f	f	s	s	s	s	s
g	g	g	g	g	t	t	t	t	t
h	h	h	h	h	u	u	u	u	u
i	i	i	i	i	v	v	v	v	v
j	j	j	j	j	w	w	w	w	w
k	k	k	k	k	x	x	x	x	x
l	l	l	l	l	y	y	y	y	y
m	m	m	m	m	z	z	z	z	z

소문자 Play Time

소문자로 그림을 그려요. 소문자의 순서대로 점선을 따라 그리면 멋진 그림이 완성돼요. 완성된 그림은 예쁘게 색칠해 보세요.

예시

g + **m** + **v** = **bird**(새)

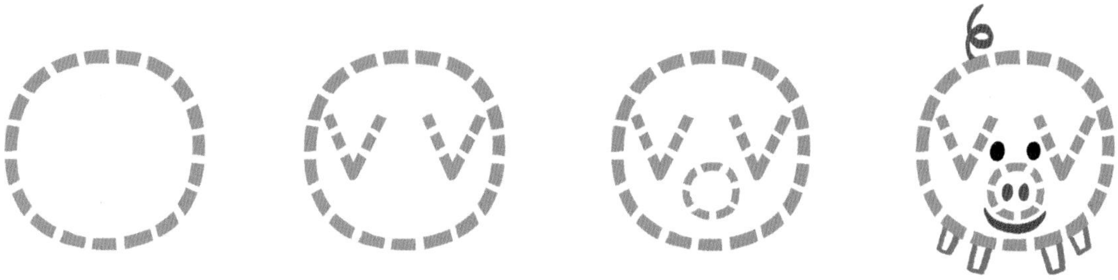

o + **v** + **o** = **pig**(돼지)

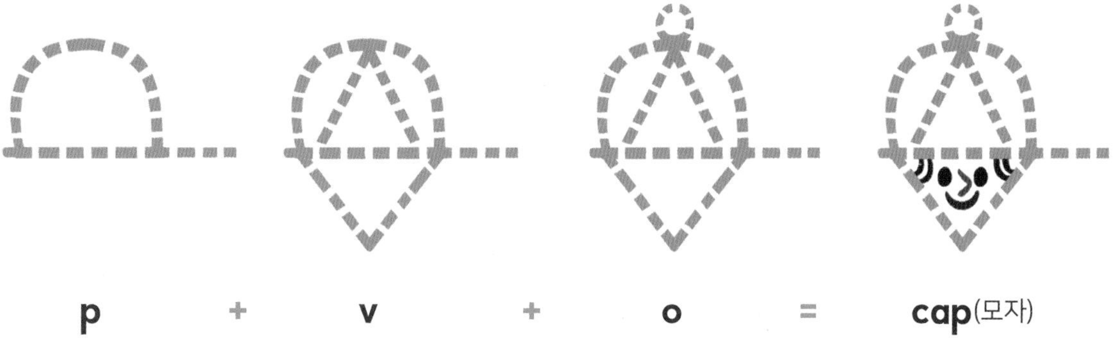

p + **v** + **o** = **cap**(모자)

대문자와 소문자 Final Review

알파벳 대문자와 소문자를 차례대로 함께 써 보세요.

A	a		A A A a a a
B	b		B B B b b b
C	c		C C C c c c
D	d		D D D d d d
E	e		E E E e e e
F	f		F F F f f f
G	g		G G G g g g
H	h		H H H h h h
I	i		I I I i i i
J	j		J J J j j j
K	k		K K K k k k
L	l		L L L l l l
M	m		M M M m m m

N	n		N N N n n n
O	o		O O O o o o
P	p		P P P p p p
Q	q		Q Q Q q q q
R	r		R R R r r r
S	s		S S S s s s
T	t		T T T t t t
U	u		U U U u u u
V	v		V V V v v v
W	w		W W W w w w
X	x		X X X x x x
Y	y		Y Y Y y y y
Z	z	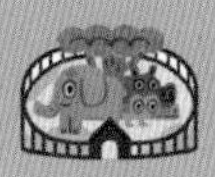	Z Z Z z z z

동물 단어 쓰기

공부한 단어 중 동물과 곤충 이름을 대문자와 소문자로 써 보세요.

점선 따라 쓰기	스스로 쓰기

LION

lion

HIPPO

hippo

FISH

fish

TIGER

tiger

WHALE

whale

점선 따라 쓰기

스스로 쓰기

MONKEY

monkey

ZEBRA

zebra

DOG

dog

PANDA

panda

RABBIT

rabbit

공부한 단어 중 동물과 곤충 이름을 대문자와 소문자로 써 보세요.

점선 따라 쓰기	스스로 쓰기

CAT

cat

GORILLA

gorilla

CRAB

crab

OCTOPUS

octopus

SNAKE

snake

점선 따라 쓰기

스스로 쓰기

ANT

ant

DUCK

duck

GOAT

goat

FLY

fly

ELEPHANT

elephant

공부한 단어 중 동물과 곤충 이름을 대문자와 소문자로 써 보세요.

점선 따라 쓰기	스스로 쓰기

TURTLE

turtle

PENGUIN

penguin

RACCOON

raccoon

HORSE

horse

BAT

bat

손동작으로 익히는 소문자 26자

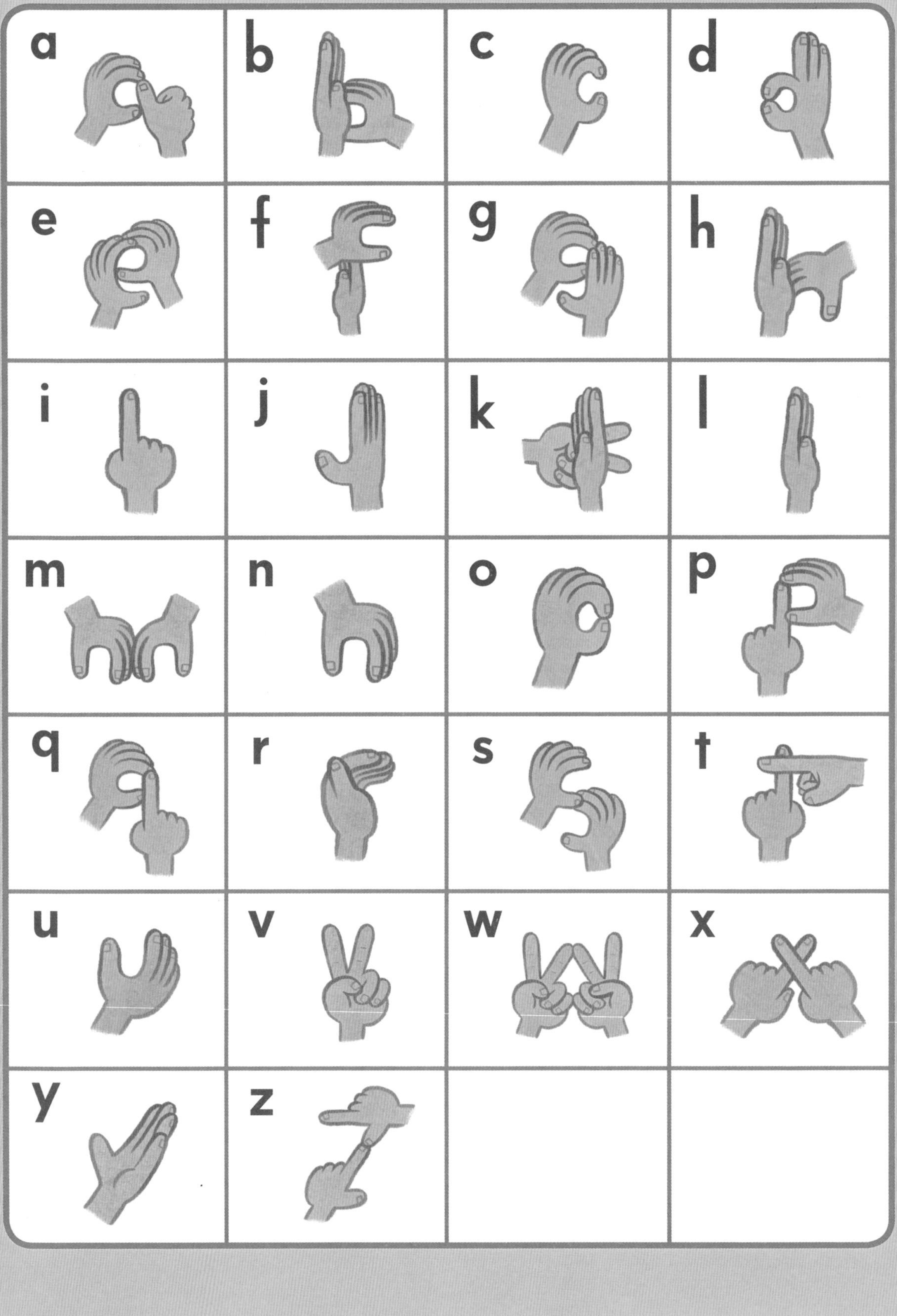

부모님께서 안전하게 가위로 잘라 주세요.

<해결! 알파벳 쓰기> 알파벳 차트

몸동작으로 익히는 대문자 26자